当代会计创新理论与实践探析

高　虹　薄海民　郭春娟　著

中国原子能出版社

图书在版编目（CIP）数据

当代会计创新理论与实践探析／高虹，薄海民，郭
春娟著. -- 北京：中国原子能出版社，2022.12
ISBN 978-7-5221-2466-7

Ⅰ．①当… Ⅱ．①高… ②薄… ③郭… Ⅲ．①会计学
-研究 Ⅳ．①F230

中国版本图书馆 CIP 数据核字（2022）第 236915 号

当代会计创新理论与实践探析

出版发行：中国原子能出版社（北京市海淀区阜成路 43 号 100048）
责任编辑：刘　佳
责任印制：赵　明
印　　刷：北京厚诚则铭印刷科技有限公司
经　　销：全国新华书店
开　　本：787mm×1092mm　1/16
字　　数：250千字
印　　张：12
版　　次：2022 年 12 月第 1 版　2024 年 4 月第 2 次印刷
书　　号：ISBN 978-7-5221-2466-7
定　　价：78.00 元

PREFACE

前　言

　　会计学是一门综合性学科，会计工作需要与会计电算化、统计、审计、税务、财务协调等相关学科相协调。在现实事件中，存在许多由于会计理论和实践之间的不协调而导致了经营风险的出现，严重影响了企业的未来发展。一些跨区域、跨行业、跨所有制的企业集团，应当综合核算账户，统一和综合核算资金、销售、成本和利润，增强企业的经济实力和提高市场竞争力。面对复杂多变的环境，会计必须发挥协同作用，解决各种问题。

　　现代会计理论的研究不再是分散的，而是系统地、整体地研究。美国在 20 世纪 80 年代，出现了现代会计概念结构。系统界定了会计理论的各个要素及其内在联系，提出了完整的理论框架，为会计准则的制定奠定了基础，英国和澳大利亚也提出了自己的概念结构。中国也在从事会计概念结构的研究，这意味着会计概念结构的形成与成熟，表明了当代会计理论的系统化。

　　为了适应会计发展的趋势，会计师必须具备现代会计理念。运用现代会计理念，可以理解复杂的经济现象，正确分析和反映会计信息，指导会计行为。我国的会计工作理念比较陈旧和老套，这导致许多的会计理论工作者思维老化。例如对会计报表的本质的映像，还仅停留在管理工具和管理活动，不能全面反映会计本质。对会计职能的表达，也仅是反映和监督。我国会计信息失真的原因不仅与会计管理体制有关，会计思想的老化也是其中一个重要的原因。

　　现阶段财务管理在企业发展中的重要性日益凸显。作为市场经济健康发展的一个重要组成部分和评价标准，企业会计管理能够在相当的程度上促进市场的科学规范，这是市场经济发展的内部需求。但是从目前的情况来看，我国现阶段企业管理在模式上仍旧保留着诸多传统会计管理模式的"痕迹"，就算是近年来国家大力推动会计管理革新，也并未形成完整的理论与实践体系，对于我国资本市场运行的规范也存在较大地提升空间。

　　为了提升本书的学术性与严谨性，在撰写过程中，笔者参阅了大量的文献资料，引用了诸多专家学者的研究成果，因篇幅有限，不能一一列举，在此一并表示最诚挚的感谢。由于时间仓促，加之笔者水平有限，在撰写过程中难免出现不足的地方，希望各位读者不吝赐教，提出宝贵的意见，以便笔者在今后的学习中加以改进。

CONTENTS

目 录

第一章 当代会计总论

第一节 会计环境与会计发展阶段

会计作为一种特殊的经济管理活动，产生于人们对生产活动进行管理的客观需要，会计的发展离不开社会生产力发展水平的提高。对会计的理解在经济发展的不同阶段是不同的。我们可以将会计的发展分为三个阶段。

一、古代会计

古代会计阶段，是一个非常漫长的阶段。不少会计学者都在探索会计产生在什么时代、会计最早产生于哪个国家。由于篇幅所限，在此不做过多讨论。我们可以简单地将古代会计阶段归结为从会计产生到 1494 年的期间。当然，会计的产生究竟从何时开始，目前争议较大，一些人将结绳记事作为会计产生的开始；也有一些人认为会计产生的时间不应该早于文字的产生。关于会计产生的原因，一些人认为在于人类需要计算经济效益、需要比较投入与产出；也有一些人认为是由于委托经济责任制的产生，由于生产资料所有权与经营权相分离，所有者将生产资料委托给经营管理者去管理，作为受托方的经营管理者需要向委托方报告自己的经营管理的状况及其结果，因此就产生了会计。众说纷纭，各种观点都有一定的道理，其共同点都指出了会计在这一阶段是一个相当漫长的时期，在这时间里，会计作为一项经济活动是不断地发展和完善的。1494 年，意大利伟大的数学家卢卡·帕乔利出版了他的名著《算术、几何、比及比例概要》一书，系统地描述了热那亚、那不勒斯等地商业交易中的复式记账方法，并对其加以科学的说明，首次总结出了若干重要的记账要素。应该说，正是因为复式记账法在大范围内的推广，开辟了会计核算的新纪元，因此人们将此书的出版作为划分会计发展阶段的标志。

（一）古代会计环境的特点

（1）国家已经产生。国家为了维持其国家机器的运转，需要有公共财政的支持，也就需要向国民征税。税收的形式很长一段时间是以实物为主，后来逐渐发展到货币形式。

（2）企业的雏形刚刚形成。这时企业的规模非常小，多以手工作坊的形式存在，后来逐渐发展成为手工工厂的形式，但其生产的产品品种单一，生产工艺简单。

（3）生产力水平十分低下。这时主要以手工业生产为主，劳动生产率非常低。

（二）古代会计的特点

（1）以官厅会计为主，主要核算政府的税收收入和收入的分配。

（2）以货币和实物为计量单位。税收多以实物为主，即使产生了货币，也多以实物作为计量单位。到了这一阶段的后期，才逐渐采用货币作为计量单位。

（3）采用单式记账。当时多以流水账的形式出现，也就是将发生的经济业务按时间的先后逐一记录，一般只是记录主要的财产物资的变化，或只在账簿中记录有关货币的收支。

（4）正如马克思所说："会计还没有成为专门的职业，只是作为生产职能的附带部分，在工作之余，将经济活动的过程和结果简单地记录下来。"

二、近代会计

从 15 世纪末到 19 世纪末或 20 世纪初是会计报表形成的时期，是会计的近代阶段。会计报表的形成是划分近代会计与现代会计的标志。

（一）近代会计环境的特点

（1）生产力水平迅速提高，尤其是欧洲的产业革命，大工业生产的出现使得生产效率大大提高，社会生产力水平不断提高；

（2）商业革命和产业革命同时导致了社会大分工，社会出现了明显的行业分工；

（3）随着社会生产力水平的提高，一些手工业工厂规模越来越大，大规模生产的结果又导致生产效率进一步提高，生产的产品品种逐渐增加。

（4）在生产力提高以及社会分工出现的同时也产生了市场竞争，并且市场竞争日益加剧。

（二）近代会计的特点

（1）以企业会计为主。由于企业的规模越来越大，企业会计也逐渐发展起来，并成为会计的主要内容。官厅会计仍然存在，但是逐渐退出主导地位。

（2）在会计实务中以货币作为主要的计量单位，实物单位、劳动量单位逐渐退到次要位置。随着商品经济的出现，货币成为一般等价物，能够衡量和计算商品的价值。因此会计核算能够利用货币作为价值尺度进行价值核算。

（3）普遍采用复式记账法，借贷记账法在全世界各个经济发达国家广泛采用。12 世纪至 13 世纪时，地中海沿岸的国家经济迅速发展，尤其是银行业，银行业一般采用借贷记账法。随着企业会计的发展，企业也纷纷借鉴了银行业的借贷记账法。《算术、几何、比及比例概要》一书，系统地描述了热那亚、那不勒斯等地商业交易中的复式记账，推广了这种记账方法。

（4）会计具有了独立职能。会计逐渐成为一个专门的职业。会计职能逐渐从生产职能中分离出来，形成特殊的专门的独立职能。会计一方面对生产过程中的人力、物力等的消耗量及劳动产品的数量进行记录、计算；另一方面对生产过程中的劳动耗费和劳动成果进行分析、控制和审核，以促使人们节约劳动耗费，提高经济效益。

（5）形成了一套会计核算方法。随着市场竞争的激烈，企业努力提高其竞争能力，将目光转向降低产品成本。因此成本计算作为一种方法纳入到会计核算体系中来。随着企业规模的扩大，经营者逐渐与所有者相分离。为适应这一分离，产生了经营者向所有者报送的会计报表。到会计报表产生后，会计的一套完整的核算方法形成，并一直作为会计的核算方法沿用至今。

三、现代会计

现代会计阶段，一般认为是从 19 世纪末或 20 世纪初至今。

（一）现代会计环境的特点

（1）科学技术迅速发展，成为社会生产力发展水平提高的主要动力，社会生产力水平急速提高，近百年创造的财富相当于人类历史上 1000 多年创造的财富的总和。

（2）生产社会化程度日益提高，出现了跨国公司，它们在世界经济中扮演着重要的角色。出现了全球经济一体化的趋势，经济生活日渐复杂，对会计的要求越来越高，会计日益成为经济管理的重要组成部分。

（3）市场竞争越来越激烈。激烈的市场竞争要求企业不仅要降低成本，而且要加强企业内部的经营管理和控制，在竞争中发展壮大。

（4）其他相关学科也发展起来，行为科学、环境科学、系统论、控制论、信息论、应用数学的发展，为会计领域的扩展提供了基础。特别是 20 世纪 50 年代以后电子计算机的飞速发展和广泛采用，为会计理论和实务的发展提供了前所未有的广阔前景。

（二）现代会计的特点

（1）会计理论的形成标志着会计成为一门真正的科学。在近代会计中，会计的记账方法充其量仅仅是一种应用数学方法。到了现代会计阶段，尤其是 1929 年至 1933 年的经济危机后，会计不再是一种纯粹的计算方法，而成为经济管理科学中的一门重要学科。

（2）会计成为经济管理的重要组成部分。随着经营规模越来越大的公司出现，以及市场竞争的激烈，要求会计成为一种对生产经营活动进行核算与监督的以价值管理为主要特征的经济管理活动。会计的职能决定了会计正是一种以经济数据的记录、计算、分析、控制、审核为中心的经济管理工作。

（3）形成完整的会计体系。近代会计阶段形成的一套会计核算方法，主要用于对外报告，称为"对外报告会计"，或称为"会计"。由于竞争的激烈、数学的发展，以及经营管理的需要，逐渐将数学方法应用到会计中来，形成了为加强企业内部管理的会计管理。由于税法的完善、税种的增加，以及国家对企业控制手段的调整，纳税会计也逐渐从会计中独立出来，成为会计的重要分支。

（4）会计规范化。逐渐形成的基本会计准则和具体会计准则成为会计行为的规范，随着会计准则的不断完善，会计主观随意性受到抑制。

第二节　会计假设与会计信息质量要求

一、会计假设

组织会计核算工作，需要具备一定的前提条件，即在组织核算工作之前，首先要解决与确立会计核算主体有关的一系列问题。这是会计工作的基础，具有非常重要的作用。目前国内外会计界多数人认为会计基本假设有四个：

（一）会计主体

会计主体是会计核算服务的对象或会计人员进行会计确认、计量、记录和报告时采取的立场。会计主体界定了会计核算的空间范围。有利于正确地反映一个经济实体所拥有的财产及承担的债务，计算其经营收益或可能遭受的损失，提供准确的财务信息。

应当注意的是，"会计主体"与"法律主体"是不同的概念。作为一个法律主体，其经济上必然是独立的，因而法律主体一般应该是一个会计主体，但是构成会计主体的并不一定都是法律主体。比如，从法律角度看，独资及合伙企业所有的财产和债务，在法律上应视为所有者个人财产延伸的一部分，独资及合伙企业在业务上的种种行为仍视其为个人行为，企业的利益与行为和个人的利益与行为是一致的，独资及合伙企业都因此而不具备法律主体资格。但是，独资及合伙企业都是会计主体，在会计处理上都要把企业的财务活动与所有者个人的财务活动截然分开。

（二）持续经营

持续经营假设是指企业在可以预见的将来，不会面临破产和清算，而是持续不断地经营下去。这一假设是从时间上对会计核算进行了界定。持续经营假设对于会计核算十分重要，它为正确地确定财产计价、收益，为计量提供了理论依据。只有具备了这一前提条件，才能以历史成本作为企业资产的计价基础，才能够认为资产在未来的经营活动中可以给企业带来经济效益，固定资产的价值才能够按照使用年限的长短以折旧的方式分期转为费用。对一个企业来说，如果持续经营这一假设不存在了，那么一系列的会计准则和会计方法也相应地会丧失其存在的基础，所以，作为一个会计主体必须以持续经营作为假设前提。

（三）会计分期

会计分期假设是指将一个企业持续经营的生产经营活动期间划分为若干连续的、长短相同的期间。这一假设是从持续经营假设引申出来的，是持续经营的客观要求。因为企业的经营活动从时间上看是一个持续不断的过程，但会计为了确定损益和编制财务报表，定期为使用者提供信息，就必须将持续不断的经营过程划分为若干个会计期间。会计期间分为年度和中期。年度和中期均按公历起讫日期确定。中期，是指短于一个完整的会计年度的报告期间。会计期间划分的长短会

影响损益的确定，一般来说，会计期间划分得愈短，反映经济活动的会计信息质量就愈不可靠。当然，会计期间的划分也不可能太长，太长了会影响会计信息使用者及时使用会计信息的需要。因此会计期间划分必须恰当。

（四）货币计量

用货币来反映一切经济业务是会计核算的基本特征，因而也是会计核算的一个重要的前提条件。选择货币作为共同尺度，以数量的形式反映会计实体的经营状况及经营成果，是商品经济发展的产物。会计计是会计核算的关键环节，是会计记录和会计报告的前提，货币则是会计计量的统一尺度。另外，货币计量这一假设还暗含币值稳定这一假设。我国企业会计制度规定，企业的会计核算一般以人民币为记账本位币，业务收支以人民币以外的货币为主的单位，可以选定其中一种货币作为记账本位币，但是编报的会计报告应当折算为人民币。上述四个假设相互依存，相互补充。会计主体界定了会计核算的空间范围，持续经营和会计分期界定了会计核算的时间长度，货币计量为会计核算提供了必要的手段。没有会计主体就没有持续经营，没有持续经营就没有会计分期，没有货币计量就没有现代会计。

二、会计信息质量要求

会计信息质量要求是对企业财务报告中所提供的会计信息质量的基本要求，是使财务报告中所提供会计信息对使用者决策有用所应具备的基本特征。我国企业会计准则规定了八个会计信息质量要求。

（一）客观性

企业应当以实际发生的交易或事项为依据进行会计确认、计量和报告，如实反映符合确认和计量要求的各项会计要素及其他相关信息，保证会计信息真实可靠、内容完整。这一要求包括三个方面的含义：一是真实性，即提供的会计信息应如实反映企业的财务状况、经营成果和现金流量状况；二是可靠性，指对经济业务的确认、计量和报告应不偏不倚，以事实为依据，以供复查其数据来源和信息提供过程；三是完整性，如收入大幅提高是由于国家政策所致时，只在报表中提供收入信息是不够的，应披露国家政策的影响。

（二）相关性

企业提供的会计信息应当与会计报告使用者的经济决策需要相关，有助于会计报告使用者对企业过去、现在或者未来的情况作出评价或者预测。如相关产品过剩，企业存货跌破账面价，会计上计提跌价准备就是提供资产已经减值的相关信息。

（三）明晰性

企业提供的会计信息应当清晰明了，便于会计报告使用者理解和使用。企业的明晰性原则指会计核算和编制的会计报告应当清晰明了，便于理解和运用。会计信息的价值在于对信息利用者的决策有用，因而必须使信息利用者理解会计记录乃至填报报告语言、方法的含义和用途。明晰性原则应贯穿于会计凭证开始的各个阶段。

（四）可比性

企业提供的会计信息应当具有可比性。可比性具有两个方面的含义：一是同一企业纵向可比。同一企业不同时期发生的相同或者相似的交易或者事项，应当采用一致的会计政策，不得随意变更。确需要变更的，应当在附注中说明。如企业将存货计价方法从先进先出法改为加权平均法，会对存货发出成本和结存存货价值产生不同影响，附注中应该说明。二是不同企业间应横向可比。不同企业发生的相同或者相似的交易或者事项，应当采用规定的会计政策，确保会计信息口径一致，相互可比。企业经营的好坏、资产情况如何，靠企业间会计报表信息比较，如果企业记账都口径一致，无疑可比性增强。可比性原则以客观性原则为基础，并不意味着不能有任何选择，只要这种选择仍然可以进行有意义的比较，如为了如实反映应收账款的风险，可以根据实际情况选择计提坏账准备比例。

（五）实质重于形式

企业应当按照交易或者事项的经济实质进行会计确认、计量和报告，不应仅以交易或者事项的法律形式为依据。如果企业的会计核算仅仅按照交易或事项的法律形式或人为形式进行，而其法律形式或人为形式又未能反映其经济实质和经济现实，那么，会计核算的结果不仅不会有利于会计信息使用者的决策，反而会误导会计信息使用者的决策。如将融资租入固定资产视同为自有固定资产进行会计处理，就是遵循实质重于形式的原则。

（六）重要性

企业提供的会计信息应当反映与企业财务状况、经营成果和现金流量等有关的所有重要交易或者事项。企业的会计核算应当遵循重要性原则，在会计核算过程中对交易或事项应当区别其重要性程度，采用不同的核算方法。对资产、负债、损益等有较大影响，并进而影响会计报告使用者据以作出合理判断的重要会计事项，必须按照规定的会计方法和程序进行处理，并在会计报告中予以充分、准确的披露；对于次要的会计事项，在不影响会计信息真实性和不至于误导会计报告使用者作出正确判断的前提下，可适当简化处理。如某项资产过少可不单独在会计报告中而在会计报告中合并反映。重要性原则与会计信息成本效益直接相关，坚持重要性原则能使提供会计信息的收益大于成本。

（七）谨慎性

企业对交易或者事项进行会计确认、计量和报告应当保持应有的谨慎，不应高估资产或者收益、低估负债或者费用。企业在进行会计核算时，应当遵循谨慎性原则。谨慎性原则是指会计人员对存在不同会计处理程序和方法的某些经济业务或会计事项时，应在不影响合理反映的前提下，尽可能选择不虚增利润和夸大所有者权益的会计处理程序和方法进行会计处理。当有多种会计方法可供选择时，应当遵循谨慎性原则的要求，不得多计资产或收益、少计负债或费用，也不得计提秘密准备。

（八）及时性

企业对于已经发生的交易或者事项，应当及时进行会计确认、计量和报告，不得提前或者延后。及时性原则是指企业的会计核算应当及时进行，以保证会计信息的时效性。及时性原则包含两重含义，一是对发生的经济业务及时记录，跨期记录影响核算结果，影响信息质量；二是将会计信息及时输送给相关使用者，迟报信息将影响相关使用者对企业的判断以致决策。因此，记账、算账、报账都不得提前或延后。

第三节　会计要素

会计要素是对会计对象进行的基本分类，是会计核算对象的具体化。我国会计准则将会计要素分为2大类6个要素：一是反映企业财务状况的要素，包括资产、负债、所有者权益；二是反映企业财务成果的要素，包括收入、费用和利润。

一、资产

（一）资产的定义

资产是指企业过去的交易或事项形成的、由企业拥有或控制的、预期会给企业带来经济利益的资源。

对资产定义的理解应把握好以下几点：首先，资产是由企业过去交易或事项形成的，预期在未来发生的交易或事项不形成企业的资产；其次资产可以是由企业享有所有权的经济资源，但也包括企业不享有所有权，但能对其实施控制的经济资源；第三，资产应当预期会给企业带来经济利益，这些经济利益可以是直接导致未来现金或现金等价物流入企业，也可以是间接导致未来现金或现金等价物流入企业。

（二）资产的确认

符合资产定义的资源，在同时满足以下条件时，确认为资产：

（1）与该资源有关的经济利益很可能流入企业；

（3）该资源的成本或者价值能够可靠计量。

符合资产定义和资产确认条件的项目，应当列入资产负债表；符合资产定义，但不符合资产确认条件的项目，不应当列入资产负债表，只能在报表附注中披露。

二、负债

（一）负债的定义

负债是指企业过去的交易或者事项形成的、预期会导致经济流出企业的现时义务。

对负债定义的理解应把握以下几点：首先，现时义务是指企业在现行条件下已承担的义务。未来发生的交易或事项形成的义务，不属于现时义务，不应当确认为负债。如本期材料采购的未付款，形成现时义务，属于负债；但下期进货的未付款不形成本期的义务，不应确认为负债；其次，经济利益的流出，指负债将由企业在未来某个时日加以清偿。负债的清偿方式，可以是转移资产，或者提供劳务，也可以是将债务转为所有者权益。

（二）负债的确认

符合负债定义的义务，在同时满足下列条件时，确认为负债：

（1）与该义务有关的经济利益很可能流出企业；

（2）未来流出的经济利益的金额能够可靠计量。

符合负债定义和负债确认条件的项目，应当列入资产负债表；符合负债的定义、但不符合负债确认条件的项目，不应当列入资产负债表，只能在附注中说明。

三、所有者权益

（一）所有者权益的定义与来源

所有者权益是指企业资产扣除负债后由所有者享有的剩余权益。公司的所有者权益又称为"股东权益"。

所有者权益的来源包括所有者投入的资本、直接计入所有者权益的利得和损失、留存收益等。其中所有者投入的资本，可以是企业或自然人自愿投入企业的现金、存款或实物资产；直接计入所有者权益的利得和损失，是指不应计入当期损益、会导致所有者权益发生增减变动的、与所有者投入资本或者向所有者分配利润无关的利得或损失。利得是指企业非日常活动所形成的、会导致所有者权益增加的、与所有者投入资本无关的经济利益的流入。如公司发行股票的发行溢价部分。损失是指由企业日常活动所发生的、会导致所有者权益减少的、与向所有者分配利润无关的经济利益的流出。如债权人的债务重组损失。

（二）所有者权益的计量

由于所有者权益等于资产扣除负债后的余额，所以所有者权益金额取决于资产和负债的计量。在我国负债一般以账面价值计量，所以多数情况下，资产的计量是关键。在公允价值计量基础指导下，资产价值随市场价值波动；计提减值准备等会计政策也影响资产的价值，因而从某种意义上讲，所有者权益的价值取决于企业所采用的计量基础、计量原则等会计政策。所有者权益项目应当列入资产负债表。

四、收入

（一）收入的定义

收入是指企业在日常活动中形成的、会导致所有者权益增加的、与所有者投入资本无关的经济利益的总流入。由此可见，不是企业日常活动形成的经济利益，不能记为收入；与所有者投入资本有关的经济利益的总流入也不能记为收入。

（二）收入的确认

收入只有在经济利益很可能流入从而导致企业资产增加或者负债减少、且经济利益的流入额能够可靠计量时才能予以确认。企业间日常经济往来多为信用形式，即采取赊销赊购形式，可能造成收入的大部分是应收账款，只有应收账款很可能收回的情形下，才能确认为收入。预收账款是没有提供产品或者服务前，收到客户款项，将来有提供产品或服务的义务，会使经济利益流出，会计上确认为负债。收入计量的情形有的比较复杂，如跨期建造工程的收入计量，一般按照工程进度百分比测算，其测算是否有可靠现状和数字依据、人为主观经验估计的成分有多大，这些都需要科学的测算和计量。

符合收入定义和收入确认条件的项目，应当列入利润表；不能可靠计量的项目，如上述建造合同的项目不容易测定完工进度，即本期不能可靠计量，则不能在当期列入利润表，需要在附注中说明。

五、费用

（一）费用的定义

费用是指企业在日常活动中发生的、会导致所有者权益减少的、与向所有者分配利润无关的经济利益的总流出。与向所有者分配利润相关的经济利益的流出不能记为费用，如向投资者分红。值得注意的是，费用有期间概念，有些本期支出不一定形成费用，如企业交纳了下年度的保险费，虽然有支出，但不属于本期的耗费，应确认为资产。

（二）费用的确认

费用只有在经济利益很可能流出从而导致企业资产减少或者负债增加、且经济利益的流出额能够可靠计量时才能予以确认。企业发生费用使资产减少的情况很多，如交纳水电费使企业存款减少。企业发生费用使负债增加的情况指应确认为本期的费用，但是没有支付。如本期使用借款应该负担的利息确认为费用，但是下期支付，形成一项负债。

企业为生产产品、提供劳务等发生的可归属于产品成本、劳务成本等费用，应当在确认产品销售收入、劳务收入等时，将已销售产品、已提供劳务的成本等计入当期损益。符合费用定义和费用确认条件的项目，应当列入利润表。

六、利润

利润是指企业在一定会计期间的经营成果。利润包括收入减去费用后的净额、直接计当期利润的利得和损失等。即利润分为两个层次，第一个层次为营业收入减去营业成本、营业税金、管理费用、销售费用、财务费用，第二个层次为再加减直接记入当期利润的利得和损失。直接计入当期利润的利得和损失，是指应当计入当期损益、会导致所有者权益发生增减变动的、与所有者投入资本或者向所有者分配利润无关的利得和损失。直接计入当期利润的利得和损失，主要包括：投资收益、非流动资产处置损益、可供出售金融资产公允价值变动净额、现金流量套期工具公允价值变动净额等。

利润金额取决于收入和费用、直接计入当期利润的利得和损失金额的计量。因此，由于有了收入、费用、利得、损失的确认条件，就不用单独设立确认利润的条件。利润项目应当列入利润表。利润的计算公式为：

利润 = （收入 - 费用） + （利得 - 损失）

第四节　会计计量

企业在将符合确认条件的会计要素登记入账并列报于会计报表及其附注时，应当按照规定的会计计量属性进行计量，确定其金额。会计计量属性主要包括：

一、历史成本

在历史成本计量下，资产按照购置时支付的现金或现金等价物的金额，或按照购置资产时所付出的对价的公允价值计量。负债按照因承担现时义务而实际收到的款项或资产的金额、或承担现时义务的合同金额，或按照日常活动中为偿还负债预期需要支付的现金或现金等价物的金额计量。

历史成本又称"原始成本"或"实际成本"，指由购入、制造或建造而取得资产时所付出的代价。历史成本原则要求对企业取得的资产、资产耗用、转换和处置，一律按历史成本计价。历史成本计价较为合理，因为历史成本反映商品买卖的成交价值，具有客观性，它是资产在取得日期价值的可靠标志，也具有验证性，以历史成本计价为基础报出的财务报告可信度高。除法律、法规和国家统一会计制度另有规定者外，不得自行调整其账面价值。

历史成本原则在负债计量时，体现在不仅是借到多少钱就有偿还多少的义务，有时还包括借款时合同约定到期应该支付的金额，如套期交易合同。像这种交易记入的金额不仅包括现金，还包括可转让的应收账款等现金等价物。

二、重置成本

在重置成本计量下，资产按照现在购买相同或者相似资产所需支付的现金或现金等价物的金额计量。负债按照现在偿还该项负债所需支付的现金或现金等价物的金额计量。

重置成本法的基本思路，站在买者的角度，是指重新购买相同或相似的全新资产所花费的各种成本费用的总和，即在现行市价条件下需要支付的总成本额。应用重置成本法的前提为：第一，具备可利用的历史资料；第二，体现社会或行业平均水平；第三，资产的实体特征、内部结构及功能必须与重置全新资产具有可比性；第四，资产必须是可再生的，或是可以复制的；第五，资产必须是随着时间的推移具有贬值特性的资产。重置成本法的优点为有利于单项资产和特定用途资产的计量，实用性强，应用广泛；比较充分的考虑了资产的损耗，考虑因素比较全面，计量的结果更趋于公平合理；有利于企业资产的保值。其缺点为以历史资料为依据确定目前价值，必须充分分析这种假设的可行性；各种贬值难以全面计算；工作量大，计算复杂。

三、可变现净值

是指在可变现净值计量下资产按照其正常对外销售所能收到现金或现金等价物的金额扣除该资产至完工时估计将要发生的成本、估计的销售费用以及相关税费后的金额计量。

四、现值

是指在现值计量下，资产按照预计从其持续使用和最终处置中所产生的未来净现金流量的折现金额计量，负债按照预计期限内需要偿还的未来净现金流出量的折现金额计量。

五、公允价值

是指在公允价值计量下，资产和负债按照在公平交易中，熟悉情况的交易双方自愿进行资产交换或者债务清偿的金额计量。

公允价值计量资产时，存在活跃市场的，应当以其市场价格为基础确定其公允价值；该资产不存在活跃市场，但与其类似资产存在活跃市场的，应当以类似资产的市场价格为基础做适当调整，然后确定其公允价值；在上述两种情况下仍不能确定非现金资产公允价值的，应当以交易双方自愿进行的公允的资产交易金额为依据确定其公允价值。金融资产可以用未来现金流量的贴现价值计量。考虑到我国市场发展的现状，目前主要在金融工具、投资性房地产、非共同控制下的企业合并、债务重组和非货币性交易等方面采用了公允价值计量。

企业在对会计要素进行计量时，一般应当采用历史成本计量。采用重置成本、可变现净值、现值、公允价值计量的，应当保证所确定的会计要素金额能够取得并可靠计量。

第五节　会计报告

会计报告是指企业对外提供的反映企业某一特定日期的财务状况和某一会计期间的经营成果、现金流量等会计信息的文件。

一、会计报告内容

会计报告包括会计报表及其附注和其他应当在会计报告中披露的相关信息和资料。会计报表是对企业财务状况、经营成果和现金流量的结构性描述，会计报表至少应当包括资产负债、利润表和现金流量表等报表。小企业编制的会计报表可以不包括现金流量表。

二、列报基础与要求

企业应当以持续经营为基础，进行报表列报。企业管理层应当评价企业的持续经营能力，对持续经营能力产生严重怀疑的，应当在附注中披露导致对持续经营能力产生重大怀疑的不确定因素。

企业在当期已经决定下一个会计期间进行清算或停止营业，表明其处于非持续经营状态，应当采用其他基础编制财务报表，如破产企业的资产应当采用可变现净值计量等，并在附注中声明财务报表未以持续经营为基础列报，披露未以持续经营为基础的原因以及财务报表的编制基础。性质或功能不同且具有重要性的项目，应当在财务报表中单独列报；性质或功能类似的项目，可以合并列报。判断项目性质的重要性，应当考虑该项目是否属于企业日常活动，是否对企业财务状况和经营成果具有较大影响等因素；判断项目金额大小的重要性，应当以单项金额占资产总额、负债总额、所有者权益总额、营业收入总额、净利润等直接相关项目金额的比重加以确定。

三、主要三大报表

（一）资产负债表

资产负债表是指反映企业在某一特定日期的财务状况的会计报表。资产负债表由流动资产和非流动资产、流动负债和非流动负债以及所有者权益几部分组成。流动资产主要有货币资金、应收及预付账款、交易性投资、投资性房地产、固定资产、生物资产、递延所得税资产、无形资产等；流动负债主要有短期借款、应付及预收账款、应交税费、应付职工薪酬、预计负债等；非流动负债主要有长期借款、长期应付款、应付债券、递延所得税负债等；所有者权益主要包括实收资本（或股本）、资本公积、盈余公积、未分配利润等项目。

（二）利润表

利润表是指反映企业在一定会计期间的经营成果的会计报表，由收入及经营业务发生的成本、管理费用、销售费用和财务费用等项目组成。利润表主要列示营业收入、营业成本、管理费用、销售费用、财务费用、投资收益、公允价值变动损益、资产减值损失、非流动资产处置损益、所得税费用、净利润等项目。

（三）现金流量表

现金流量表是指反映企业在一定会计期间的现金和现金等价物流入和流出的会计报表。现金流量表主要由经营活动的现金流量、投资活动的现金流量和筹资活动的现金流量构成。经营活动产生的现金流量有销售商品、提供劳务收到的现金，购买商品、接受劳务支付的现金以及为职工支付的现金，支付的各项税费、支付其他与经营活动有关的现金；投资活动产生的现金流量有收回投资收到的现金、取得投资收益受到的现金、处置固定资产、无形资产和其他长期资产收回的现金净额、处置子公司及其他营业单位收到的现金净额、收到其他与投资活动有关的现金、购建固定资产、无形资产和其他长期资产支付的现金、投资支付的现金、取得子公司及其他营业单位支付的现金净额、支付其他与投资活动有关的现金；筹资活动产生的现金流量有吸收投资收到的现金、取得借款收到的现金、收到其他与筹资活动有关的现金、偿还债务支付的现金、分配股利、利润或偿付利息支付的现金、支付其他与筹资活动有关的现金等项目。

四、附注

附注是指对在会计报表中列示项目所做的进一步说明，以及对未能在这些报表中列示项目的说明等。附注是财务报告不可或缺的组成部分，报告使用者要了解企业的财务状况、经营成果和现金流量，应当全面阅读附注。"附注"相对于"报表"而言，具有同样重要性。附注应当按照一定的结构进行系统合理的排列和分类，有顺序地披露信息。一般企业都应披露企业基本情况、财务报表的编制基础、遵循企业会计准则的声明、重要会计政策和会计估计、会计政策和会计估计变更以及差错更正的说明、重要报表项目的说明等事项。

第六节　新旧基本准则比较

一、整体结构变化

旧准则在整体结构上共分为 10 章：总则、一般原则、资产、负债、所有者权益、收入、费用、利润、财务报告和附则。新准则分为 11 章，新增加了"会计计量"一章，同时，将第二章的名称"一般原则"改为"会计信息质量要求"，突出了会计的目标，即提供有用的信息。

二、总则部分变化

首先，在准则的适用范围上，旧准则为"包含设在中华人民共和国境外的中国投资企业"。新准则改为"适用于在中国境内设立的企业"。其次，在目标上，旧准则目标为：统一会计核算标准，保证会计信息质量。新准则修改为：为了规范企业会计确认、计量和报告行为，保证会计信息质量。

第三，在对财务报告的目标表述上，旧准则表述为：满足国家宏观经济管理的需要。新准则修改为：向会计报告使用者提供与企业财务状况、经营成果和现金流量等有关的会计信息，反映企业管理层受托责任履行情况，有助于会计报告使用者做出经济决策。

三、会计信息质量要求变化

旧准则是将会计信息质量要求和会计计量和确认原则放在一起，统称为"一般原则"。新准则将原"一般原则"中的 7 个会计信息质量要求和"实质重于形式"单独列出作为一章，称为"会计信息质量要求"。新准则突出了相关性和可比性，强化了重要性原则。

四、会计要素变化

六大会计要素的定义新准则均发生较大变化。在资产、负债和收入要素上，新旧准则在其确认上也发生了变化。另外在分类或特征表述上也有不同的修改，限于篇幅，在此不做一一比较。

五、会计计量变化

旧准则未单独做一章说明。而新准则单独列为一章，指出企业在将符合确认条件的会计要素登记入账并列报会计报表及其附注（又称"财务报表"）时，应当按照规定的会计计量属性进行计量，确定其金额。会计计量属性主要包括：历史成本、重置成本、可变现净值、现值和公允价值。

六、财务报告变化

旧准则对财务报告的定义表达为"是反映企业财务状况和经营成果的书面文件"；新准则修改为"是企业对外提供的反映企业某一特定日期的财务状况和某一会计期间的经营成果和现金流量等会计信息的文件"。旧准则认为财务报告的组成"包括资产负债表、利润表、财务状况变动表（或者现金流量表）、附表及会计报表附注和财务情况说明书"；新准则修改为"包括会计报表及其附注和其他应当披露的相关信息资料。会计报表至少应包括资产负债表、利润表、现金流量表等报表"。

第二章　当代会计基础工作与内部控制

第一节　会计基础工作及其规范

1996 年 6 月 17 日，财政部制定发布了《会计基础工作规范》。这是在财政部于 1984 年 4 月发布的《会计人员工作规则》基础上修订并重新发布的一项重要规章，《会计基础工作规范》全面总结了《会计人员工作规则》实施以来的基本经验，结合新形势对会计工作的要求，对会计基础工作方面的有关内容，做出了较为系统的规定。《会计基础工作规范》共六章 101 条，其中第一章总则的 5 条是对制定《会计基础工作规范》（以后皆简称《规范》）的目的、依据、适用范围以及会计基础工作的职责所作的有关规定。第一条规定，"为了加强会计基础工作，建立规范的会计工作秩序，提高会计工作水平，根据《中华人民共和国会计法》的有关规定，制定本规范。"这条规定指出了制定《会计基础工作规范》的目的和依据。《会计法》是会计工作的基本大法，是指导会计工作、制定相关会计法规、规章的基本依据。《规范》在遵循《会计法》规定的基本原则和各项要求的基础上，对会计基础工作方面的内容进行了具体规范。也就是说，《规范》是对《会计法》中的有关会计基础工作方面的内容的具体化，是《会计法》的重要的配套规章之一，不能与之相矛盾。第二条规定："国家机关、社会团体、企业、事业单位，个体工商户和其他组织的会计基础工作，应当符合本规范的规定。"这条规定明确了《规范》的适用范围，即国家机关、社会团体、企业、事业单位、个体工商业户和其他组织，包括范围非常之广。在我国，不同地区、部门之间，不同规模、类型的单位之间，会计基础工作存在一定的差异，这使各单位统一执行《规范》增加了一定的难度。为了妥善地解决这个问题，《规范》在内容上尽可能地兼顾不同单位的实际情况；同时，在第 99 条中规定："各省、自治区、直辖市财政厅（局）、国务院各业务主管部门可以根据本规范的原则，结合本地区、本部门的具体情况，制定具体实施办法，报财政部备案。"这是增强《规范》适用性的一个具体体现。第三条规定："各单位应当依据有关法律、法规和本规范的规定，加强会计基础工作，严格执行会计法规制度，保证会计工作依法有序地进行。"第四条规定："单位领导人对本单位的会计基础工作负有领导责任。"第五条规定："各省、自治区、直辖市财政厅（局）要加强对会计基础工作的管理和指导，通过政策引导、经验交流、监督检查等措施，促进基层单位加强会计基础工作，不断提高会计工作水平。国务院各业务主管部门根据职责权限管理本部门的会计基础工作。"贯彻任何法规必须明确职责，否则法规就无法落实。《规范》的第4、5条对会计基础工作的领导责任和管理部门作了明确的规定。因为会计基础工作既是各单位会计工作和经营管理工作的基本内容，也是政府部门会计管理工作的一个重要方面，各级财政部门和国务院各业务主管应当切实履行管理和指导职责，引导本地区、本部门所属单位的会计基础工作逐步走向规范化、合法化。

一、会计机构和会计人员

1. 会计机构设置和会计人员配备

各单位应当根据会计业务的需要设置会计机构；不具备单独设置会计机构条件的，应当在有关机构中配备会计人员。事业、行政单位会计机构的设置和会计人员的配备，应当符合国家规定。设置会计机构，应当配备会计机构负责人；在有关机构中配备专职会计人员，应当在专职会计人员中指定会计主管人员。会计机构负责人、会计主管人员的任免，应当符合《中华人民共和国会计法》和有关法律的规定。会计机构负责人、会计主管人员应当具备下列基本条件：

（1）坚持原则，廉洁奉公；

（2）具有会计专业技术资格；

（3）主管一个单位或者单位内一个重要方面的会计工作时间不少于2年；

（4）熟悉国家财经法律、法规、规章和方针、政策，掌握本行业业务管理的有关知识；

（5）有较强的组织能力；

（6）身体状况能够适应本职工作的要求。

没有设置会计机构和配备会计人员的单位，应当根据《代理记账管理暂行办法》委托会计师事务所或者持有代理记账许可证书的其他代理记账机构进行代理记账。

大、中型企业、事业单位、业务主管部门应当根据法律和国家有关规定设置总会计师。总会计师由具有会计师以上专业技术资格的人员担任。各单位应当根据会计业务需要配备持有会计证的会计人员。未取得会计证的人员，不得从事会计工作。各单位应当根据会计业务需要设置会计工作岗位。会计人员的工作岗位应当有计划地进行轮换。

会计人员应当具备必要的专业知识和专业技能，熟悉国家有关法律、法规、规章和国家统一会计制度，遵守职业道德。会计人员按照国家有关规定参加会计业务的培训。各单位应当合理安排会计人员的培训，保证会计人员每年有一定时间用于学习和参加培训。各单位领导人应当支持会计机构、会计人员依法行使职权；对忠于职守、坚持原则，做出显著成绩的会计机构、会计人员，应当给予精神的和物质的奖励。国家机关、国有企业、事业单位任用会计人员应当实行回避制度。

2. 会计人员职业道德

会计人员在会计工作中应当遵守职业道德，树立良好的职业品质、严谨的工作作风，严守工作纪律，努力提高工作效率和工作质量。

会计人员应当热爱本职工作，努力钻研业务，使自己的知识和技能适应所从事工作的要求。会计人员应当熟悉财经法律、法规，规章和国家统一会计制度，并结合会计工作进行广泛宣传。会计人员应当按照会计法律、法规和国家统一会计制度规定的程序和要求进行会计工作，保证所提供的会计信息合法、真实、准确、及时、完整。会计人员办理会计事务应当实事求是、客观公正。会计人员应当熟悉本单位的生产经营和业务管理情况，运用掌握的会计信息和会计方法，为改善单位内部管理、提高经济效益服务。会计人员应当保守本单位的商业秘密，除法律规定和单位领导人同意外，不能私自向外界提供或泄露单位的会计信息。

财政部门、业务主管部门和各单位应当定期检查会计人员遵守职业道德的情况，并作为会计人员晋升、晋级、聘任专业职务、表彰奖励的重要考核依据，会计人员违反职业道德的，由所在单位进行处罚；情节严重的，由会计证发证机关吊销其会计证。

二、会计核算

1. 会计核算的一般要求

（1）建账的基本要求。各单位应当按照《中华人民共和国会计法》和国家统一会计制度的规定建立会计账册，进行会计核算，及时提供合法、真实、准确、完整的会计信息。

（2）核算内容的基本要求。各单位发生的下列事项，应当及时办理会计手续、进行会计核算：款项和有价证券的收付；财物的收发、增减和使用；债权债务的发生和结算；资本、基金的增减；收入、支出、费用、成本的计算；财务成果的计算和处理；其他需要办理会计手续、进行会计核算的事项。

（3）会计核算的其他要求。《规范》还对会计核算的依据和处理方法、会计年度、记账本位币、会计科目以及有关会计资料和会计文字等作了要求。

2. 填制会计凭证

取得和填制会计凭证是会计基础工作基本内容之一，对会计核算工作和会计信息质量影响非常大。因此，《规范》对此作了详细的要求。

（1）原始凭证。各单位在办理有关业务时必须取得或者填制原始凭证，并及时送交会计机构。原始凭证的内容必须具备：凭证的名称；填制凭证的日期；填制凭证单位名称或者填制人姓名；经办人员的签名或者盖章；接受凭证单位名称；经济业务内容；数量、单价和金额。原始凭证的填制应符合：真实可靠、内容完整、填制及时、书写清楚、顺序使用等要求。

（2）记账凭证。会计机构和会计人员要根据审核无误的原始凭证填制记账凭证。记账凭证的内容必须具备：填制凭证的日期；凭证编号；经济业务摘要；会计科目；金额、所附原始凭证张数；填制凭证人员、稽核人员、记账人员、会计机构负责人、会计主管人员签名或者盖章。收款和付款记账凭证还应当由出纳人员签名或者盖章。以自制的原始凭证或者原始凭证汇总表代替记账凭证的，也必须具备记账凭证应有的项目。填制记账凭证的基本要求：连续编号、内容完整、分类正确，另外，还要符合其他具体要求，详见《规范》。

（3）会计凭证的传递与保管。各单位会计凭证的传递程序应当科学、合理，具体办法由各单位根据会计业务需要自行规定。会计机构、会计人员要妥善保管会计凭证。

3. 登记会计账簿

（1）各单位应当按照国家统一会计制度的规定和会计业务的需要设置会计账簿。会计账簿包括总账、明细账、日记账和其他辅助性账簿。

（2）现金日记账和银行存款日记账必须采用订本式账簿，不得用银行对账单或者其他方法代替日记账。

（3）实行会计电算化的单位，用计算机打印的会计账簿必须连续编号，经审核无误后装订成册，并由记账人员和会计机构负责人、会计主管人员签字或者盖章。

（4）启用会计账簿时，应当在账簿封面上写明单位名称和账簿名称。在账簿扉页上应当附启用表，内容包括：启用日期、账簿页数、记账人员和会计机构负责人、会计主管人员姓名，并加盖名章和单位公章。记账人员或会计机构负责人、会计主管人员调动工作时，应当注明交接日期、接办人员或者监交人员姓名，并由交接双方人员签名或者盖章。启用订本式账簿，应当从第一页到最后一页顺序编定页数，不得跳页、缺号。使用活页式账页，应当按账户顺序编号，并须定期装订成册。装订后再按实际使用的账页顺序编定页码。另加目录，记明每个账户的名称和页次。

（5）会计人员应当根据审核无误的会计凭证按照《规范》的要求登记会计账簿。

（6）实行会计电算化的单位，总账和明细账应当定期打印。发生收款和付款业务的，在输入收款凭证和付款凭证的当天必须打印出现金日记账和银行存款日记账，并与库存现金核对无误。

（7）账簿记录发生错误，不准涂改、挖补、刮擦或者用药水消除字迹，不准重新抄写，必须按照规定的方法进行更正。

（8）各单位应当定期对会计账簿记录的有关数字与库存实物、货币资金、有价证券、往来单位或者个人等进行相互核对，保证账证相符、账账相符、账实相符。对账工作每年至少进行一次。

（9）各单位应当按照规定定期结账。

4. 编制财务报告

（1）各单位必须按照国家统一会计制度的规定，定期编制财务报告。财务报告包括会计报表及其说明。会计报表包括会计报表主表、会计报表附表、会计报表附注。

（2）各单位对外报送的财务报告应当根据国家统一会计制度规定的格式和要求编制。单位内部使用的财务报告，其格式和要求由各单位自行规定。

（3）会计报表应当根据登记完整、核对无误的会计账簿记录和其他有关资料编制，做到数字真实、计算准确、内容完整、说明清楚。任何人不得篡改或者授意、指使、强令他人篡改会计报表的有关数字。

（4）会计报表之间、会计报表各项目之间，凡有对应关系的数字，应当相互一致。本期会计报表与上期会计报表之间有关的数字应当相互衔接。如果不同会计年度会计报表中各项目的内容和核算方法有变更的，应当在年度会计报表中加以说明。

（5）各单位应当按照国家统一会计制度的规定认真编写会计报表附注及其说明，做到项目齐全，内容完整。

（6）各单位应当按照国家规定的期限对外报送财务报告。对外报送的财务报告，应当依次编定页码，加封面，装订成册，加盖公章。封面上应当注明：单位名称，单位地址，财务报告所属年度，季度、月度，送出日期，并由单位领导人、总会计师、会计机构负责人、会计主管人员签名或者盖章。单位领导人对财务报告的合法性、真实性负法律责任。

（7）根据法律和国家有关规定应当对财务报告进行审计的，财务报告编制单位应当委托注册会计师进行审计并将注册会计师出具的审计报告随同财务报告按照规定的期限报送有关部门。

（8）如果发现对外报送的财务报告有错误，应当及时办理更正手续，除更正本单位留存的财务报告外，并应同时通知接受财务报告的单位更正。错误较多的，应当重新编报。

三、会计监督

会计监督是会计的基本职能之一，是经济监督体系的重要组成部分，对于建立有序的市场经济秩序意义重大。会计监督包括单位内部会计监督、国家监督和社会监督。《会计法》和《规范》对会计监督都提出了明确的要求。

单位内部会计监督，各单位应当建立、健全本单位内部会计监督制度。单位内部会计监督制度是指一个单位为了保护其资产的安全完整，保证其经营活动符合国家法律、法规和内部规章要求，提高经营管理效率，防止舞弊，控制风险等目的而在单位内部采取的一系列相互联系、相互制约的制度和方法。单位内部会计监督制度应当符合下列要求：

（1）记账人员与经济业务事项和会计事项的审批人员、经办人员、财务保管人员的职责权限应当明确，并相互分离、相互制约；

（2）重大对外投资、资产处置、资金调度和其他重要经济业务事项的决策和执行的相互监督、相互制约程序应当明确；

（3）财产清查的范围、期限和组织程序应当明确；

（4）对会计资料定期进行内部审计的办法和程序应当明确。单位负责人应当保证会计机构、会计人员依法履行职责，不得授意、指示、强令会计机构、会计人员违法办理会计事项。会计机构、会计人员对违反本法和国家统一的会计制度规定的会计事项，有权拒绝办理或者按照职权予以纠正。会计机构、会计人员发现会计账簿记录与实物、款项及有关资料不符的，按照国家统一的会计制度的规定有权自行处理的，应当及时处理；无权处理的，应当立即向单位负责人报告，请求查明原因，做出处理。

会计工作的国家监督。会计工作的国家监督是一种外部监督，是指政府有关部门依据法律、行政法规的规定和部门的职责权限，对有关单位的会计行为、会计资料所进行的监督检查。在社会主义市场经济条件下，必须加强对各单位的会计工作的国家监督。国家监督部门主要包括财政、审计、税务、人民银行、证券监管、保险监督等部门。其中财政部门对各单位的下列情况实施监督：

（1）是否依法设置会计账簿；

（2）会计凭证、会计账簿、会计报告和其他会计资料是否真实、完整；

（3）会计核算是否符合本法和国家统一的会计制度的规定；

（4）从事会计工作的人员是否具备从业资格。

在对会计工作的国家监督中，除财政部门的普遍性监督外，其他有关部门按照法律、行政法规的授权和部门的职责分工，从行业管理、履行职责的角度出发，也有对有关单位会计资料实施监督检查的职权。前面所列监督检查部门对有关单位的会计资料依法实施监督检查后，应当出具检查结论。有关监督检查部门已经做出的检查结论能够满足其他监督检查部门履行本部门职责需要的，其他监督检查部门应当加以利用，避免重复查账。

依法对有关单位的会计资料实施监督检查的部门及其工作人员对在监督检查中知悉的国家秘密和商业秘密负有保密义务。

各单位必须依照有关法律、行政法规的规定，接受有关监督检查部门依法实施的监督检查，如实提供会计凭证、会计账簿、会计报告和其他会计资料以及有关情况，不得拒绝、隐匿、谎报。

会计工作的社会监督。社会监督主要是指社会中介机构如会计师事务所的注册会计师依法对受托单位的经济活动进行审计，并据实做出客观评价的一种监督形式，它也是一种外部监督。社会监督具有较强的权威性和公正性。单位内部会计监督、国家监督和社会监督构成了会计监督的整体，它们相辅相成，共同为社会经济服务。有关法律、行政法规规定，需经注册会计师进行审计的单位，应当向受委托的会计师事务所如实提供会计凭证、会计账簿、会计报告和其他会计资料以及有关情况。任何单位或者个人不得以任何方式要求或者示意注册会计师及其所在的会计师事务所出具不实或者不当的审计报告。财政部门有权对会计师事务所出具审计报告的程序和内容进行监督。

四、内部会计管理制度

单位内部会计管理制度是各单位根据国家法律、法规、规章、制度的规定，结合本单位经营管理和业务管理的特点和要求而制定的规范单位内部会计管理活动的制度和办法。《规范》规定，各单位应当根据《中华人民共和国会计法》和国家统一会计制度的规定，结合单位类型和内容管理的需要，建立、健全相应的内部会计管理制度。

1. 制定内部会计管理制度应当遵循的原则

（1）应当执行法律、法规和国家统一的会计制度。

（2）应当体现本单位的生产经营、业务管理的特点和要求。

（3）应当全面规范本单位的各项会计工作，建立健全会计基础，保证会计工作的有序进行。

（4）应当科学、合理，便于操作和执行。

（5）应当定期检查执行情况。

（6）应当根据管理需要和执行中的问题不断完善。

2. 内部会计管理制度的基本内容

（1）内部会计管理体系，即一个单位的会计工作的组织体系。主要包括：单位领导人、总会计师对会计工作的领导职责；会计部门及其会计机构负责人、会计主管人员的职责、权限；会计部门与其他职能部门的关系；会计核算的组织形式等。

（2）会计人员岗位责任制度。主要包括：会计人员的工作岗位设置；各会计工作岗位的职责和标准；各会计工作岗位的人员和具体分工；会计工作岗位轮换办法；对各会计工作岗位的考核办法等。

（3）账务处理程序制度。主要包括：会计科目及其明细科目的设置和使用；会计凭证的格式、审核要求和传递程序；会计核算方法；会计账簿的设置；编制会计报表的种类和要求；单位会计指标体系。

（4）内部牵制制度。主要包括：内部牵制制度的原则；组织分工；出纳岗位的职责和限制条件；有关岗位的职责和权限。

（5）稽核制度。主要包括：稽核工作的组织形式和具体分工；稽核工作的职责、权限；审核会计凭证和复核会计账簿、会计报表的方法。

（6）原始记录管理制度。主要包括：原始记录的内容和填制方法；原始记录的格式；原始记录的审核；原始记录填制人的责任；原始记录签署；传递、汇集要求。

（7）定额管理制度。主要包括：定额管理的范围；制定和修订定额的依据、程序和方法；定额的执行；定额考核和奖惩办法等。

（8）计量验收制度。主要内容包括：计量检测手段和方法；计量验收管理的要求；计量验收人员的责任和奖惩办法。

（9）财产清查制度。主要内容包括：财产清查的范围；财产清查的组织；财产清查的期限和方法；对财产清查中发现问题的处理办法；对财产管理人员的奖惩办法。

（10）各单位应当建立财务收支审批制度。主要内容包括：财务收支审批人员和审批权限；财务收支审批程序；财务收支审批人员的责任。

（11）成本核算制度。主要内容包括：成本核算的对象；成本核算的方法和程序；成本分析等。

（12）会计分析制度。主要内容包括：会计分析的主要内容；会计分析的基本要求和组织程序；会计分析的具体方法；会计分析报告的编写要求等。

第二节　内部控制制度及其建设

内部控制制度是社会经济发展到一定阶段的产物，是现代企业管理的重要手段；对保证会计信息质量，完善公司治理结构和信息披露制度，保护投资者合法权益，并保证资本市场有效运行起着非常重要的意义。

一、内部控制的含义

内部控制作为在内部牵制基础上产生的一种自我监督和自我调整体系，随着内部控制实践的不断发展而发展。一般来说，内部控制大致分为四个阶段：

（一）内部牵制阶段

这一阶段属于内部控制的萌芽时期。一般来说内部牵制由三个要素构成：职责分工、会计记录、人员轮换。当时的内部牵制是基于以下两个基本设想：（1）两个或以上的人或部门无意识地犯同样错误的机会是很小的；（2）两个或两个以上的人或部门有意识地合伙舞弊的可能性大大低于单独一个人或部门舞弊的可能性。实践证明这些设想是合理的，内部牵制机制确实有效地减少了错误和舞弊行为，因此在现代内部控制理论中，内部牵制仍占有重要的地位，成为组织机构控制、职务分离控制的基础。

（二）内部控制阶段

1949 年，美国会计师协会的审计程序委员会在《内部控制，一种协调制度要素及其对管理当局和独立注册会计师的重要性》的报告中，对内部控制首次作了权威性定义："内部控制包括组织机构的设计和企业内部采取的所有相互协调的方法和措施，都用于保护企业的财产，检查会计信息的准确性，提高经营效率，推动企业坚持执行既定的管理政策。"1953 年 10 月该委员会发布的《审计程序公告第 19 号》对内部控制定义重新定义进行表述，并将内部控制划分为会计控制和管理控制。

（三）内部控制结构阶段

1988 年美国注册会计师协会发布《审计准则公告第 55 号》，提出了"内部控制结构"是为实现特定公司目标提供合理保证而建立的一系列政策和程序构成的有机整体，包括控制环境、会计系统及控制程序三个部分。《审计准则公告第 55 号》从 1990 年 7 月起实行，自此，《审计程序公告第 29 号》的提法也被"内部控制结构"所取代。

（四）一体化控制阶段

20 世纪 80 年代以来，虚假财务报表时有发生。为此，美国成立了"反虚假财务报告委员会"，下设专门致力于内部控制研究的"发起组织委员会"，简称 COSO。COSO 于 1992 年提出了题为"内部控制——整体框架"的研究报告，这就是著名的 COSO 报告。审计准则委员会于 1995 年发布了《审计准则公告第 78 号》，全面接受了 COSO 报告的观点，并自 1997 年 1 月起生效，新准则将内部控制定义为："由一个企业的董事长、管理层和其他人员实现的过程，旨在为下列三大目标提供合理保证：（1）经营的效果和效率（操作性目标）；（2）财务报告的可靠性（信息性目标）；

（3）符合适用的法律和法规（遵从性目标）。"这三大目标既能满足不同的需要，又相互交叉，是一种"全部控制论"的概念。COSO 报告指出，内部控制是一个过程，受企业董事会、管理当局和其他员工影响，目的在于保证会计信息的可靠性、经营的效果和效率以及有关法规的遵循，认为内部控制整体框架主要由控制环境、风险评估、控制活动、信息与沟通、监督五项要素组成。

我国对内部控制的研究起步较晚，目前对内部控制较权威的定义就是中注协在其 1997 年实施的《独立审计具体准则第九号——内部控制与审计风险》中的定义，"被审计单位为了保证业务活动的有效进行，保护资产的安全和完整，防止、发现、纠正错误与舞弊，保证会计资料的真实、合法、完整而制定和实施的政策与程序，包括控制环境、会计系统和控制程序。"该定义明显地套用了 AICPA 在 1988 年提出的内控定义。

二、内部控制的要素和作用

（一）内部控制的要素

内部控制经历了几个不同阶段，其包含的要素也是不同的。目前我国还处于"三要素"（控制环境、会计系统和控制程序）阶段。为了具有一定的前瞻性，本书采用的是最新的五要素观点，即控制环境、风险评估、控制活动、信息与沟通、监督。

1. 控制环境

控制环境是指企业的核心人员以及这些人的个别属性和所处的工作环境，控制环境提供企业纪律与框架，塑造企业文化，并影响员工的控制意识，是对企业控制的建立和实施有超重大影响的因素的统称，是所有其他内部控制组成要素的基础。控制环境主要包括：经营管理的理念、方式和风格；组织结构；董事会和审计委员会；诚信正直的原则和道德价值观；授权和分配责任的方法；人力资源政策和实务；内部审计。

2. 风险评估

每个企业都面临不同的风险，这些风险必须加以评估。评估风险的先决条件是制定目标，风险评估就是分析和辨认实现既定目标可能发生的风险，并适时加以处理。

3. 控制活动

控制活动是指确保企业管理层次的指令能够得以顺利执行的有关政策和程序，如核准、授权、验证、调节、复核营业绩效，保证资产安全和职务分工。控制活动主要包括绩效评价控制、信息处理控制、实物控制、职责分离等。

4. 信息与沟通

企业在生产经营过程中必须获得、识别准确的信息，并进行交流和沟通。信息与沟通主要包括信息系统（处理企业内部信息和外部信息）、交流和沟通。

5. 监督

监督是经营管理部门对内部控制的管理监督和内审监察部门对内部控制的再监督与再评价活动的总称。监督活动主要包括持续监督活动、个别评估、报告缺陷等。

（二）内部控制的作用

内部控制作为企业生产经营活动的自我调节及自我制约的内在机制，对于加强企业经营管理，维护财产的安全完整，提高企业经济效益，具有十分重要的现实意义。一般来说，企业内部控制主要有下述四个方面的作用。

保证国家的方针、政策和法规在企业内部的贯彻实施。任何企业必须认真贯彻和实施国家的方针、政策和法规，这是企业进行生产经营的前提条件。建立完善的内部控制，可以对企业内部的任何部门和人员、任何业务环节进行有效的监督和控制，使其合法运行。

保证会计信息的真实性和可靠性。良好的内部控制，可以保证会计信息的整个加工过程能够真实反映企业生产经营的真实情况，而且能够及时发现和纠正各种舞弊，从而保证会计信息的质量。

有利于保护企业财产的安全与完整。健全的内部控制可以通过有效内部控制措施监督和制约财产物资的采购、计量、验收的各个环节，并能够制止生产经营中的浪费，有效利用各种资产，防止错误的发生，确保财产的安全和完整。

促使企业加强经营管理，提高经济效益。健全的内部控制能够使企业各部门相互制约，促使其有效地履行职责，提高整个企业的经营管理水平，进而提高经济效益。

三、内部会计控制规范

（一）内部会计控制的目标与原则

1. 内部会计控制应当达到以下基本目标：

（1）规范单位会计行为，保证会计资料真实、完整。

（2）堵塞漏洞、消除隐患，防止并及时发现、纠正错误及舞弊行为，保护单位资产的安全、完整。

（3）确保国家有关法律法规和单位内部规章制度的贯彻执行。

2. 内部会计控制应当遵循以下基本原则

（1）内部会计控制应当符合国家有关法律法规和《内部会计控制规范》，以及单位的实际情况。

（2）内部会计控制应当约束单位内部涉及会计工作的所有人员控制的权力。任何个人都不得拥有超越内部会计控制的权力。

（3）内部会计控制应当涵盖单位内部涉及会计工作的各项经济业务及相关岗位，并应针对业务处理过程中的关键控制点，落实到决策、执行、监督、反馈等各个环节。

（4）内部会计控制应当保证单位内部涉及会计工作的机构、岗位的合理设置及其职责权限的合理划分，坚持不相容职务相互分离，确保不同机构和岗位之间权责分明、相互制约，相互监督。

（5）内部会计控制应当遵循成本效益原则，以合理的控制成本达到最佳的控制效果。

（6）内部会计控制应随着外部环境的变化、单位业务职能的调整和管理要求的提高，不断修订和完善。

（二）内部会计控制规范的特点

1. 以单位（企业）自身为出发点

《内部会计控制规范》出台以前的相关法规，其对企业内部控制的要求基本上是从其行业相关角度，而非从企业自身角度出发。《独立审计具体准则第 9 号——内部控制和审计风险》是从制度基础审计的角度对企业的内部控制进行评价；中国证监会《关于上市公司做好各项资产减值准备等有关事项的通知》与《公开发行证券公司信息披露编报规则》等法规是从信息披露的角度来对企业的内部控制予以要求；而《内部会计控制规范》是从企业自身的角度，即从加强企业管理，完善单位内部会计控制，改进企业经营方式的角度来对企业的内部控制予以要求。从内部控制的产生来看，它是由企业管理人员在经营管理实践中产生并在实践中完成其主体内容构造的。

2. 目标定位明确具体

该规定对内部控制的定位以内部会计控制为主，同时兼顾与会计相关的控制。

3. 基本构成直接以内容而非要素形式存在

COSO 报告中关于内部控制的内容构成是要素形式，由控制环境、风险评估、控制活动、信息与沟通、监督等五大要素组成。《内部会计控制规范》的构成并未以要素的形式存在，而是直接列出了内部控制的内容，这些内容包括：货币资金、实物资产、对外投资、工程项目、采购与付款、筹资、销售与收款、成本、

费用、担保等经济业务的会计控制，并且每一条款都将制定相应的具体规范。

（三）内部会计控制的内容与方法

1. 内部会计控制的内容

内部会计控制主要包括：货币资金、实物资产、对外投资、工程项目、采购与付款、筹资、销售与收款、成本费用、担保等经济业务的会计控制。具体内容如下：

（1）单位应当对货币资金收支和保管业务建立严格的授权批准制度，办理货币资金业务的不相容岗位应当分离，相关机构和人员应当相互制约，确保货币资金的安全。

（2）单位应当建立实物资产管理的岗位责任制度，对实物资产的验收入库、领用、发出、盘点、保管及处置等关键环节进行控制，防止各种实物资产被盗、毁损和流失。

（3）单位应当建立规范的投资决策机制和程序，通过实行重大投资决策集体审议联签等责任制加强投资项目立项、评估、决策、实施、投资处置等环节的会计控制，严格控制

投资风险。

（4）单位应当建立规范的工程项目决策程序，明确相关机构和人员的职责权限，建立工程项目投资决策的责任制度，加强工程项目的预算、招投标、质量管理等环节的会计控制，防范决策失误及工程发包、承包、施工、验收等过程中的舞弊行为。

（5）单位应当合理设置采购与付款业务的机构和岗位，建立和完善采购与付款的会计控制程序，加强请购、审批、合同订立、采购、验收、付款等环节的会计控制，堵塞采购环节的漏洞，减少采购风险。

（6）单位应当加强对筹资活动的控制，合理确定筹资规模和筹资结构、选择筹资方式，降低资金成本，防范和控制财务风险，确保筹措资金的合理、有效使用。

（7）单位应当在制定商品或劳务等的定价原则、信用标准和条件、收款方式等销售政策时，充分发挥会计机构和人员的作用，加强合同订立、商品发出和账款回收的会计控制，避免或减少坏账损失。

（8）单位应当建立成本费用控制系统，做好成本费用管理的各项基础工作，制定成本费用标准，分解成本费用指标，控制成本费用差异，考核成本费用指标的完成情况，落实奖罚措施，降低成本费用，提高经济效益。

（9）单位应当加强对担保业务的会计控制，严格控制担保行为，建立担保决策程序和责任制度，明确担保原则、担保标准和条件、担保责任等相关内容，加强对担保合同订立的管理，及时了解和掌握被担保人的经营和财务状况，防范潜在风险，避免或减少可能发生的损失。

2. 内部会计控制的方法

它是指实施内部会计控制所采取的手段、措施及程序，主要包括：

（1）不相容职务相互分离。内部会计控制要求单位按照不相容职务相分离的原则，合理设置会计及相关工作岗位，明确职责权限，形成相互制衡机制。不相容职务是指那些如果由一个人或一个部门担任，很容易造假，且易于掩盖的职务。不相容职务主要包括：授权批准、业务经办、会计记录、财产保管、稽核检查等职务。

（2）授权批准控制。内部会计控制要求单位明确规定涉及会计及相关工作的授权批准的范围、权限、程序、责任等内容，单位内部的各级管理层必须在授权范围内行使职权和承担责任，经办人员也必须在授权范围内办理业务。授权批准一般有一般授权和特定授权。

（3）会计系统控制。要求单位依据《会计法》和国家统一的会计制度，制定适合本单位的会计制度，明确会计凭证、会计账簿和会计报告的处理程序，建立和完善会计档案保管和会计工作交接办法，实行会计人员岗位责任制，充分发挥会计的监督职能。

（4）预算控制。要求单位加强预算编制、执行、分析、考核等环节的管理，明确预算项目，建立预算标准，规范预算的编制、审定、下达和执行程序，及时分析和控制预算差异，采取改进措施，确保预算的执行。预算内资金实行责任人限额审批，限额以上资金实行集体审批。严格控制无预算的资金支出。

（5）财产保全控制。要求单位限制未经授权的人员对财产的直接接触，采取定期盘点、财产记录、账实核对、财产保险等措施，确保各种财产的安全完整。

（6）风险控制。要求单位树立风险意识，针对各个风险控制点，建立有效的风险管理系统，通过风险预警、风险识别、风险评估、风险分析、风险报告等措施，对财务风险和经营风险进行全面防范和控制。

（7）内部报告控制。要求单位建立和完善内部报告制度，全面反映经济活动情况，及时提供业务活动中的重要信息，增强内部管理的实效性和针对性。

（8）电子信息技术控制。要求运用电子信息技术手段建立内部会计控制系统，减少和消除人为操纵因素，确保内部会计控制的有效实施；同时要加强对会计电子信息系统开发与维护、数据输入与输出、文件储存与保管、网络安全等方面的控制。

四、内部控制制度的建设

（一）现行企业内部控制中存在的主要问题

1. 观念陈旧

目前一些企业特别是有些国有企业对内部控制的认识存在两种倾向，值得注意：一是一部分人习惯于甚至满足于传统的经营管理方式，认为只要能够规范化操作就行，不必考虑是否先进；二是虽然大家意识到改革的必要性，但是容易片面强调组织结构改革的重要性，忽视了控制方式的跟进和强化。这就使公司的改革同微观治理机制相脱离。不论是维持传统的经营管理方式，还是片面以改革取代控制的观念，对企业的发展都是不利的，这些认识上的偏差都将阻碍企业内控的发展和完善。

2. 产权关系不明

产权制度改革是公司法人治理结构的核心，而规范的公司法人治理结构，关键要看董事会能否充分发挥作用。但在我国现阶段，公司的法人治理结构不够完善，甚至是有形无实，尤其体现在董事会这一重要机构没有发挥应用的职能。有不少国有企业在改革过程中，一味地"放权让利"，致使原厂长负责制的领导班子现在既是经理层又进入董事会，董事会成员和经理成员高度重叠，致使国有单位产权主体缺位、权责不清。这种责权不分的公司治理结构，导致所有者对经营者不能实施控制，作为代表公司股东的控制主体——董事会也就形同虚设。

3. 人员素质较低

某些国企或私企法人代表的业务素质较低，根本不懂内控制度为何物，当然也就谈不上加强内控制度建设了。让思想和业务素质很低的人去管理企业，又如何能搞好内控建设呢？

4. 监督机制不全

目前有很多企业监督评审主要依靠内审部门来实现，而有些企业的内审部门隶属于财务部门，与财务部同属一人领导，内部审计在形式上就缺乏应有的独立性。另外，在内审的职能上，很多企业的内部审计工作仅仅是审核会计账目，而在内部稽查、评价内部控制制是否完善和企业内部组织机构执行指定职能的效率等方面，却未能充分发挥应有的作用。

（二）内部控制制度的建设

企业内部控制的核心是会计控制，《会计法》所要求的企业内部会计制度，是现代企业制度的重要内容，企业内部会计制度执行的好坏直接影响企业经济效益指标的真实与否及国家的经济运行指数。建立内部会计制度，应从下述四个方面进行。

1. 会计人员素质控制

内部会计制度采取的一切措施方法和程序，最终要由人来执行，所以最首要的是会计人员素质的控制，包括以下内容：制定有效的用人政策；培养良好的职业道德和工作态度；对会计人员进行轮训或者继续教育，不断提高其业务技术能力；岗位延期轮换，以加强责任心；实行会计委派制，切实把"一把手"行使权力的过程纳入会计监督的范围。

2. 组织机构控制

在建立组织机构时，将具有控制功能的措施引入内部控制机制，使其具有防护性功能。具体包括：一是单独设立机构和会计人员，明确会计人员的职权范围。会计机构和会计人员依法行使职权，单位负责人不得授意、指使、强令会计机构、会计人员违法办理会计事项，这在法制上强化了内部会计的监督控制作用，确定了单位负责人与会计机构、会计人员的制约关系。二是会计人员职权要明确划分，明确各自应履行的权力和应尽的义务。就会计而言，财务与会计工作要划清，财务工作的职责是筹资、融资、制定信用政策，办理现金收支款项、协调财税银行间的关系；而会计的职责是真实记录反映经济业务、财务收支、资产变动及利润形成，进行纳税申报，编制相关的会计报表，提供会计信息等。三是会计内部人员岗位的划分要明晰。如出纳人员只负责现金及银行业务的收付款，结算登记现金及银行日记账及银行对账工作不应由出纳员负责，出纳人员不能接触和记录销售收入、往来账目、坏账核销等相关会计业务，以免从中作弊。

3. 业务处理程序及经营全过程控制

从会计角度说，一切经济业务都须经过会计部门，并明确各部门发生或经办有关业务与会计部门的关系，以防止管理过程中漏洞的发生，同时也使会计资料反映真实、准确、及时，减少会计记录遗漏等错误。加强内部会计控制，应着重从采购业务控制、销售业务控制入手，采取"抓两头带中间"的方法，严把采购、销售关，并加大对内部成本费用的控制力度。

（1）在采购环节，要严格内控手续，采用"库存定额"管理办法，以库存量定采购量，在保证生产正常运行的前提下，确定合理库存定额，严禁超定额采购，对大宗材料采取"定货单"控制办法或采用"公开招标"办法，货比三家，以防弊端。对于货物质量要严把入库关，入库手续齐备，并由相关部门经手签章，以划清责任。领用材料要填制出库单，财务部门应按月与库房稽核对账，保证账实相符，以防监守自盗。

（2）销售环节应从产品价格制定入手，充分了解市场，制定合理的价位，杜绝乱降价、乱涨价等不利于企业的行为，以提高效益。国有企业应完善内部管理，每月制定销售计划，把经营过程纳入计划管理的轨道。销售过程中从价格的制定、货物的发运、货款的回收到应收账款的形成和清收等都应着重控制；销售发票的管理、现销与赊销交易、产成品库存的管理等，都应纳入企业内部会计控制范围。

（3）任何经济业务的发生都离不开货币资金，因此，加强货币资金控制尤为重要。首先应按经济业务发生的时间记录现金及银行存款日记账，连续编号，对现金收据应登记控制，有条件的使用收款机，收据由交款员、出纳员、财务负责人签章，存根妥善保存，出纳员与会计的职责区分清楚，一切付款业务，必须由会计人员审核无误后，经主管负责人签章，出纳员方可付款。支付工资等应手续齐全。日常零星开支应采取备用金制度，每天收入的款项应由会计人员审核，并登记入账，出纳的工作与登记分类账工作分开，尤其是出纳员不得接近客户明细账，以防挪用和侵占公款。设置专人或由总账会计按月根据对账单进行对账，编制银行调节表，不得由出纳员担任此工作。企业支票与银行印章不能由出纳一人保管，以防虚开支票或挪用公款。

4. 会计记录控制

会计记录控制是整个会计控制的核心，包括会计凭证制度；完整的账簿制度；内部牵制制度；财产清查制度；严格的账簿核对制度；原始记录的管理与岗位交接制度；科学的收支预算制度；合理的会计政策和程序；会计档案的保管制度等。对这类问题，应按《会计法》要求办理。

第三节　会计基础工作和内部控制制度

由于我国对内部控制的研究起步较晚，目前还未将内部控制与内部会计控制严格区分，因此，本节对会计基础工作与内部控制所做的比较，也仅是会计基础工作和内部会计控制的比较。

一、从内容上看会计基础工作和内部控制制度之间的关系

会计基础工作是各单位会计工作和经营管理工作的基本内容，是各单位配备会计人员、处理会计事项、进行会计监督和建立内部会计管理制度时所涉及的各项详细具体工作。主要包括：会计凭证的格式设计、取得、填制、审核、传递、保管等，会计账簿的设置、格式、登记、核对、结账等，会计报表的种类设置、格式设计、编制和审核要求、报送期限等，会计档案的归档要求、保管期限、移交手续、销毁程序等，会计电算化的硬件和软件要求、数据安全、资料保管等，会计监督的基本程序和要求，会计机构的设置要求，会计人员配备和管理要求，会计人员岗位责任制的建立和职责分工，会计人员职业道德的建立和执行，会计工作交接的程序，单位内部会计管理制度的建立和实施等。

内部会计控制是指单位为了提高会计信息质量，保护资产的安全、完整，确保有关法律法规和规章制度的贯彻执行等而制定和实施的一系列控制方法、措施和程序。从本质上看内部会计控制是一种管理活动，是单位整个管理系统的子系统，主要包括：货币资金、实物资产、对外投资、工程项目、采购与付款、筹资、销售与收款、成本费用、担保等经济业务的会计控制。由此，我们可以看出，会计基础工作主要涉及会计处理的具体工作和要求，而内部会计控制主要是按照单位的业务循环设计的各种制度和措施，二者虽然侧重点不同，但由于它们的对象都是会计工作，因此，我们不难看出其中的共同之处，可以说

是"你中有我，我中有你"，就二者包含的共同内容来看主要有：会计核算的基本要求；不相容职务分离，建立岗位责任制；授权审批制度；定期稽核制度；内部会计监督和管理制度。

二、从规范的目的上看会计基础工作与内部控制制度的关系

目前，我国正处于建立和健全社会主义市场经济体制的过程之中，整个经济秩序急需理顺，然而，由于受局部利益的驱动，某些单位无视经济法规，肆意造假，提供失实的会计信息。会计信息整体质量仍不高，企业的违规问题主要集中在随意改变会计要素的确认标准和计量方法，人为操纵利润，长期投资管理混乱，合并会计报表编制不规范等。由于会计信息在整个经济信息中占有相当大的比例，因而会计信息质量的好坏决定了经济信息的质量，进而影响经济工作决策的质量。虚假的会计信息削弱了会计工作为经济管理服务的功能，干扰了社会经济秩序，阻碍了我国现代化的进程。因此，治理会计信息失真已成为当前经济和社会中的一个亟待解决的问题。由于会计基础工作和内部会计控制对于单位加强会计核算和管理，促使其会计工作的规范化、合法化，提高会计信息质量有着极其重要的意义，所以，财政部制定了《会计基础工作规范》以规范各单位的会计基础工作，针对内部会计控制制定了《内部会计控制规范》以规范各单位的内部会计控制制度。两个规范的目的都是为了更好地贯彻《会计法》，建立规范的会计工作秩序，提高真实可靠的会计信息。另外，现代企业制度中科学管理也要求企业必须使各项工作科学合规。《会计基础工作规范》和《内部会计控制规范》殊途同归，相辅相成，在治理会计信息失真和建立现代企业制度中起着举足轻重的作用。

三、从规范的法律地位上看会计基础工作和内部控制制度之间的关系

我国正在走向法制化的轨道，任何一项工作，必须合法合规，必须有法可依，会计工作也不例外。目前我国的会计法规体系主要包括会计法律、会计行政法规和会计规章三个层次：

第一层次是会计法律，是指调整我国经济生活中会计关系的法律总规范，即《会计法》。《会计法》由全国人大制定、国家主席发布。《会计法》是会计法规体系中最高层次的法律规范，是会计法规体系中的最高大法，是制定其他会计法规的依据，也是指导会计工作的最高准则。

第二层次是会计行政法规，是指调整经济生活中某些方面会计关系的法律规范。会计

行政法规由国务院制定发布或国务院有关部门拟订经国务院批准发布，是依据《会计法》制定的，如《总会计师条例》、《企业会计准则》等。

第三个层次是会计规章和制度，是指由主管全国会计工作的行政部门——财政部就会计工作中某些方面内容所制定的规范性文件，包括会计核算制度、会计规范、会计管理制度等。国务院有关部门根据其职责制定的会计方面的规范性文件，如实施国家统一的会计制度的具体办法等也属于会计规章，但必须报财政部审核批准。会计规章和制度是依据上面两个层次制定的，即按照会计法律和会计行政法规制定会计规章和制度。财政部已发布的《企业会计制度》、《会计基础工作规范》、《内部会计控制规范》等都属于会计规章和制度层次。

由此可见，《会计基础工作规范》和《内部会计控制规范》都是我国会计法规体系中的重要组成部分，是《会计法》的重要配套法规，是对《会计法》在有关会计基础工作和内部会计控制方面的内容的具体化，是贯彻实施《会计法》和其他会计行政法规的有力保障，如《会计法》将"规范会计行为，保证会计资料真实、完整"作为立法宗旨，而《会计基础工作规范》和《会计内部控制规范》恰恰是满足这一宗旨的具体体现。如《会计基础工作规范》第一条就指出"为了加强会计基础工作，建立规范的会计工作秩序，提高会计工作水平，根据《会计法》的有关规定，制定本规范"；《内部会计控制规范》也在第一条指出"为了促进各单位内部会计控制建设，加强内部会计监督，维护社会主义市场经济秩序，根据《中华人民共和国会计法》等法律制定本规范"，第二条指出"本规范所称内部会计控制是指单位为了提高会计信息质量，保护资产的安全、完整，确保有关法律法规和规章制度的贯彻执行等而制定和实施的一系列控制方法、措施和程序"，另外，在目标中又指出内部会计控制是"规范单位会计行为，保证会计资料真实、完整"。因此，《会计基础工作规范》和《内部会计控制规范》同属会计法律体系中的第三层次，从属于前两个层次，是前两个层次贯彻执行的具体保证，它们共同为规范会计行为、提高会计信息质量起着应有的作用。

第三章 当代会计的创新发展

第一节 大数据时代会计的发展

数字经济时代的来临，对企业会计发展提出了新的要求，本节针对大数据时代会计环境的变化，对会计发展的影响及挑战进行了阐述，并对应对会计发展提出了建议。

数字经济时代已经来临，数字经济将人类从工业时代带入了信息时代，引领了财务和会计的变革。对于企业来说，既是机遇也是挑战。2017年，数字经济首次写入我国政府工作报告。报告中指出，要推动"互联网+"深入发展，促进数字经济加快成长，让企业广泛收益，让群众普遍受惠。

一、云会计环境

云计算作为继互联网之后一项最值得全球期待的技术革命，它的低成本解决海量信息处理的魅力已经逐渐被各行业所接受，正在积极影响着各领域。会计领域也不例外。云会计环境和传统的信息化环境不同，企业在云会计环境下不再需要花费巨大的人、财、物购买软件和服务器，只要根据自己的需要向云会计供应商订购自己需要的服务就可以在线使用。在云会计环境下，企业的经济活动处理都在云端集成，企业可以根据自己的需要通过互联网获取云会计的服务。并且当会计准则发生变化时，企业可以及时的采用新的会计处理方法，与会计准则保持一致。在云会计环境下，企业可以根据自己企业的业务特点，制定适合自己的会计信息系统，通过云端，对于异地办公的会计人员可以随时随地处理账务，企业相关管理人员也可以实时查看企业的财务数据，监控财务状况和经营成果，并且对降低成本，提高效率，解决财务共享难度大等问题起到了积极的作用。

二、大数据时代对财会人员提出了新的要求

会计电算化的兴起，使得会计人员从手工做账过渡到了在计算机上进行会计处理，但

是在会计电算化中毕竟实施的是人，所以会计信息质量不可避免的会受到会计人员水平的影响。以往的会计舞弊案的发生，使得人们对会计信息的可信性提出了怀疑，会计职业道德的缺失是起因，这也引起学术界的普遍关注。

大数据时代，云会计环境下，会计信息的搜集、处理及会计工作流程都发生了变化，这对会计人员的职业道德等提出了新的规范和要求。在云会计环境下，会计人员将时空分离的从事会计工作，这对会计人员的职业操守提出了更高的要求。要求会计人员要具备更高的职业责任，更严的职业纪律，加强协同服务，提高保密意识。这对会计人员提供的会计信息质量有着直接的影响。大数据时代，要求会计人员要积极适应转型升级。首先，观念的改变是第一要务，工作方式的改变是重点。数字经济时代的新型财务人员不仅要懂业务、敢创新，还需要具有多样化的数字技能和业务技能。

三、大数据时代对会计数据的影响

随着大数据时代的到来，决策不再是凭经验和直觉，而是基于数据的分析和优化。如何将企业的经济业务数据与会计、财务及资本市场数据结合起来，提高会计信息质量，建立经营业绩和公司财务绩效的相关性和因果关系对企业的经营决策具有重大的意义。

会计数据是对计事项的各种未曾加工的数字、字母与特殊符号的集合。在我国，各个行业实施的会计准则一般不同，企业业务类型的多元化不可避免产生多样化的会计数据。企业往往会因为所处生命周期阶段的不同而采取不同的企业行为，尤其是创新和融资行为，这些行为的差异往往会产生差异化的会计数据。会计信息质量的优劣很大程度上依赖于 AIS 处理的原始会计数据的质量特征。企业的购销存等一系列经济活动都会产生大量的数据，各个企业在不同时期，或在母子公司之间的不同业务中，都会根据自身的业务流程调整自己的实施战略，这样传统的数据处理就无法满足及时性要求，在大数据时代，经济活动的处理方式集中在云端，企业可以随时根据自己的需要灵活的选择相应的服务。

四、大数据时代面临的挑战

相关法律、法规的滞后。大数据时代，让企业利用共享会计还需要一个适应过程，企业已经习惯聘用固定会计人员模式，而共享会计是基于互联网的一种新型模式，还没有相应的法律、法规，所以共享会计将面临一段时间没有法律、法规约束的情况。

大数据来源的挑战。大数据时代，互联网上的任何一种资源都可能成为其来源方式，而大数据时代信息处理是通过特定的程序加工出来的，结论可能更客观，但是这也过分依赖数据的可靠性，如果数据提供者一旦弄虚造假，带来的负面影响是不可估量的。

客户认可度的挑战。对于大数据，很多的企业及会计人员不积极接受，排斥，不知云计算为何物，不知互联网能给企业带来什么经济利益，大数据的推广收到阻碍。对于云会计的使用推广，改变现有的传统观念，以及现有的会计信息系统，是一个很艰难的过程。

网络传输的挑战。对于云会计，是基于互联网的数据传输，这对网络传输环境提出了挑战。网络满负荷，网络延迟等都是因为大量的数据传输造成的，超负荷的数据传输成为会计信息化的一个瓶颈。

会计信息安全难保障。大数据时代，会计工作依赖于互联网，通过互联网收集数据和信息，然后经过一定的流程进行处理。首先，大量的会计数据，对保存载体就提出了挑战。其次，会计信息系统与网络充分衔接，利用数据之间的关系，生成准确的、完整的会计信息。这些对企业软件、硬件及数据平台都提出了更高的要求。大数据依托于网络，既带来了便利，也面临着会计信息容易泄漏、信息安全难以得到保障的问题。

内部控制制度缺乏。作为新兴出现的事物，原来的传统的会计模式和大数据时代下的会计肯定有很大区别，内部控制制度也不同。原来的会计机构、会计岗位职责、会计工作流程等都形成桎梏，需要进行变革，但是针对新的互联网+下的内部控制制度还未成形，无法进行内部控制。

五、大数据时代下会计发展的建议

加快会计信息化资源共享平台的自主建设。在各个领域的技术更新以及技术研发过程中，资源共享平台的建立都是其中的一个关键环节同时也是规范化发展的重要举措。资源共享平台的建立可以迅速实现信息资源之间的交流和沟通、资源的优势互补、问题的共同研究解决，充分实现集体智慧的作用发挥，最终达到更加专业化、稳定化的应用。会计信息化发展过程中，资源共享平台的建立提高了会计信息化发展速度，同时是会计信息化过程中数据处理速度提高和资源搜索困难降低的有效办法。所以，需要国家和政府投入资金和相应的政策支持，鼓励会计信息化发展企业的共享平台建立。同时，资源共享平台也是企业资金流通、企业之间信息交流以及企业之间物流协作效率提高的重要手段。通过会计信息化资源共享平台的自主建设，进一步确保企业的信息建设一体化程度提高，从而提升企业的会计领域决策信息可靠度。

企业转变传统观念。首先，企业管理者的观念和认识需要改变，有了明确的行动方向，才能更好的规划会计发展领域和实践的发展。而我国目前很多的会计从业人员对大数据下的会计理念认识不到位，认为仅就是会计信息化等同于会计计算效率的提高，没有从理论发展的高度对云会计进行正确的认识。并且，很多中小企业的经营管理人员，思想老旧保守，对信息化建设和技术的引用不够重视，资金投入不足，不能从企业长远发展的角度进行目标的制定。

提高会计工作人员的综合素质。大数据时代，对会计人员的专业技术、信息技术和电子技术都有了更高的要求，只有提高会计人员的综合素质才是会计信息化建设的关键。未来，要提高会计信息化进程，对会计人员的培养至关重要。

第二节 我国环境会计发展研究

环境会计是生态补偿机制建设的重要组成部分，为生态补偿标准和补偿资金的合理确定提供了理论支持，在生态补偿背景下，重构环境会计核算体系，改革和完善以生态补偿为主要核算内容的环境会计制度建设，是环境会计核算的重要内容，可以更好地促进我国环境会计向前发展。

自从中共十八届三中全会提出实行生态补偿制度以来，生态补偿的理论研究和实践得到了长足的发展，对我国生态环境保护和生态补偿制度化建设产生了积极而深远的影响，同时也为我们研究环境会计提供了一个新的视角和机会。

环境会计作为生态补偿机制建设的重要组成部分，在生态补偿实践的背景下被赋予新的职能和使命。如何推动环境会计进一步发展，充分发挥其在经济社会发展中的作用，以提升社会经济发展质量，将成为政府相关决策部门和理论工作者的重要议题。本节从生态补偿的视角，尝试重构我国环境会计核算体系，进而完善以生态补偿为主要核算内容的环境会计制度建设，不仅可以促进环境会计的向前发展，而且可以为我国经济社会的可持续发展提供理论支撑。

一、我国环境会计发展现状及存在的问题

（一）理论研究方面

近年来，生态环境治理作为国家治理体系现代化的重要组成部分，受到政府部门的高度重视，环境会计也随之兴起和不断发展，对环境会计的研究，受到了学术界和政府的高度关注，国内学者围绕环境会计展开了大量的研究工作。通过查阅和分析文献可以发现，

环境会计的研究主要集中在以下几个方面：一是环境会计核算；二是环境会计信息披露；三是排放权交易会计；四是环境成本管理等。虽然国内对环境会计研究起步较晚，但研究中出现了诸多亮点，例如韩彬等以低碳经济为视角，从会计目标、核算主体、会计要素等七个方面对环境会计核算体系进行了构建，同时提出了发展我国环境会计核算体系的建议。冯巧根根据环境管理会计国际指南的相关准则，结合我国环境政策及相关的法律法规，通过 KD 企业环境成本管理，重新构建了一个适合我国国情的环境成本分析框架，从而为提高我国环境成本确认、计量以及优化环境成本管理提供了科学依据。袁广达在资源环境成本管理基础上分析了环境会计理论构成、属性和功能、与资源环境的关系、发展动力、发展方向以及基本规律。为环境污染控制的会计行为提供了较好的思路，也为未来环境会计学科的发展和学术的深入研究提供了良好的条件。耿建新借鉴了国际上相关的理论和实践经验，结合中国自身的森林资源管理的特点，提出了编制既要符合中国实际情况又要与国际相一致的中国森林资源平衡表体系。

上述对环境会计研究方面取得了丰硕的成果，但还存在一定的不足之处，主要表现在以下几个方面：第一，在研究内容上，理论研究较多而实务研究较少。对环境会计的研究主要集中于理论综述、制度建设和信息披露等方面，实务方面的研究较少，鲜有把中国现有的环境状况与企业具体实际情况相结合的应用研究，从而不利于环境会计的发展。第二，在研究视角上重视微观层面的研究，轻宏观层面的研究。由于生态环境的特殊性，不同于传统会计，环境会计必须同时将宏观环境会计和微观环境会计的研究结合起来，进行系统的研究。但先行的对环境会计大多数理论研究表明微观环境会计研究较多，宏观环境会计研究不足。第三，研究成果方面，高水平的、权威性和创新性的观点相对不足，引领性指导意见尚未出现。通过查阅和分析近十年的相关文献，相关普通期刊上的论文和学位论文数量较多，但在中文核心期刊，CSSCI 来源期刊上发表的论文占比较少，而且没有提升。这说明虽然环境会计的研究吸引了众多学者们的关注，但高水平的研究成果相对不足。

（二）应用研究方面

环境会计信息披露体制机制不健全。由于我国环境会计起步较晚，相关法律法规体系不健全，尚未出台与环境会计信息披露有关法律法规，对企业与环境会计有关信息披露要求比较笼统和空乏。从已有的披露环境信息的上市公司来看，大部分上市公司只有一般相关的指导性意见，披露的操作流程不明确。由于环境会计信息披露体制机制不健全，对相关企业破坏的环境行为缺乏约束，企业披露环境会计信息的主动性不强，自利性较强。从而会导致我国对企业环境会计信息披露的规范化管理带来阻力，不利于我国环境会计的进一步发展。

对环境会计有影响的制度因素和环境政策研究文献不多。从现有的环境会计研究文献来看，有关环境会计核算、环境会计信息披露的文献数量较多，有关影响环境会计制度因素和环境政策方面的文献较少。相比国外在此方面的研究，存在一定的差距。可能存在的原因主要有：第一，我国的碳排放交易市场虽已启动，但尚未正式交易，缺乏交易的相关价格数据，从而导致对碳市场有效性及定量研究还相对落后。第二，我国对企业的环境绩效指标体系考核尚不完善，还未形成一个统一的标准，对研究环境绩效、环境经济政策及环境信息等造成阻碍。第三，在环境成本管理的应用方面，国内大部分研究集中在理论层面，缺乏对成本效益原则的具体应用研究，环境会计的作用和效果没有真正的发挥出来。

二、环境会计与生态补偿的耦合关系

(一) 生态补偿与环境会计互为补充，相互发展

一方面在生态补偿实践中，环境会计可以为其提供理论支持，依据"谁保护、谁受益，谁污染、谁付费"的补偿原则。生态补偿既包括对生态环境保护者所获得效益的奖励或生态环境破坏者所造成损失的赔偿，也包括对环境污染者的收费，在生态补偿实践过程中，生态补偿费用的核算和量化是一个重要的内容，而环境会计的核算方法和理论为企业核算和量化提供了理论和技术支撑。另一方面生态补偿反过来又推动环境会计不断地向前发展和完善。环境会计是基于环境问题而产生的，其目标是改善自然生态环境，提高社会总体效益，向社会和利益相关者提供经济活动中环境信息，以评价生态环境质量，实现环境保护和社会协同发展，环境会计作为一门新兴的学科理论，发展尚不成熟，无论理论还是实践方面都面临许多急需解决的问题，而生态补偿机制的建立和完善，为环境会计的发展和进步提供了良好的实践经验，使环境会计理论在生态补偿实践中得到进一步检验，推动环境会计不断向前发展和完善。因此，生态补偿和环境会计相辅相成，共同推动经济社会向前发展。

(二) 环境会计发展为生态补偿标准的合理确定提供了依据

推进生态补偿机制的顺利实施，就需要建立一个公平合理的补偿测算指标体系作为支

撑，组织或个人对生态环境的破坏，生态系统价值的实现等均需要依据补偿指标体系进行评估，评估结果可以作为生态补偿标准合理确定的依据，而这个过程如果借助环境会计的核算方法，准确的量化相关标准和指标，那么对评估结果的实施效果起到更好的作用。当前，生态补偿标准的确定和量化是生态补偿机制中一个值得关注的问题，国内大量文献对生态补偿标准的量化进行了相关的研究，但尚未形成一个统一的、合理的方案。在生态补偿的实践环节中，引入环境会计的核算方法和理念，对生态补偿标准的合理确定会更为客观。因此，环境会计的不断发展和完善能够为生态系统的价值补偿和定价提供理论支持。

（三）环境会计的实施有助于生态补偿制度的建设与发展

实现经济社会可持续发展和保护生态环境双赢，生态补偿制度提供了必要的制度指引，建立和健全生态补偿制度，为生态服务价值的价格市场化提供制度导向。通过对生态保护者、生态破坏的受损者等相关利益者的直接和间接补偿是建立生态补偿机制的重要内容，也是实现生态系统服务价值功能的具体体现。而环境会计作为反映主体的环境信息和相关的环境投入等加工处理系统，是保护环境和实现社会进步的重要途径。随着人们对环境会计重视的不断加强及有效地实施环境会计，生态补偿机制必将得到进一步的发展和完善。

三、生态补偿视阈下我国环境会计发展策略

（一）加强以生态补偿为核算内容的环境会计制度建设

生态补偿是以经济为主要的手段来调节社会各利益主体之间利益关系的一种制度安排。它以保护生态环境为目的，推动社会可持续发展。有效地实施和推进生态补偿机制在明确生态环境损害主体的基础上，必须进一步量化生态自然资源。使自然资源的使用人进行经济活动是必须考虑破坏和损害生态环境的代价，从而生态环境纳入产品成本中，使环境污染外部性内部化。环境会计的核算职能为生态自然资源的量化奠定了基础。把生态补偿纳入环境会计制度建设的内容，不仅可以充实环境会计核算的内容，而且为提高环境会计的会计信息质量，指导政府相关部门和环境决策者进行生态补偿机制的有效实施提供可靠的依据。一方面环境会计制度的建设和完善可以服务于生态补偿的实践工作，环境会计的发展反映生态补偿的成果；另一方面把生态补偿纳入环境会计制度建设也可以充实环境会计的研究内容，同时为各利益相关者进行决策提供借鉴和参考。

（二）重构以会计核算和生态补偿机制相衔接的环境会计核算体系

生态补偿机制作为一种调节社会各主体利益关系的一种制度安排，其目的是保护生态自然环境，提升经济社会发展水平和质量，环境会计的目标是实现经济社会效益和环境效益的协调统一，两者都源于环境问题的不断凸显，所以两者的目标基本一致。传统的会计核算没有考虑环境问题带来的影响，不能如实地反映经济产出，随着环境问题的日益恶化，原有的会计核算已不能满足企业和社会的需要，环境会计在传统会计的基础上，以利用生态环境资源为中心，对组织或企业有关的环境活动进行确认、计量、记录和报告，使报表的相关使用者做出正确的决策。生态补偿机制的补偿资金的支出、补偿标准的确定等必须进行合理的量化，会计核算是进行量化的重要工具，把环境问题纳入会计核算体系，对生态补偿有关的内容进行确定和核算，是重构环境会计核算体系的重要内容。例如企业在生产经营活动过程中对生态环境造成的破坏和损失，应该由企业来补偿，通过环境会计核算后最终确定的金额可以作为补偿的基础。为此，重构环境会计核算体系，以会计核算为基础，纳入生态环境问题，与生态补偿机制相衔接，量化和确定生态补偿费用与金额，不仅可以为生态补偿机制的实施提供理论基础，同时促进环境会计的进一步发展。

（三）完善以环境会计为主要工具的生态补偿监管体制

近年来，在政府和相关部门的大力推动下，生态补偿工作实践取得了长足的进步，生态环境保护工作也获得了良好的效果，但是建立和完善生态补偿机制是一项长期而又复杂的工程，其中涉及到生态补偿主体的界定、补偿标准的合理确定、生态补偿评价指标体系以及生态补偿收费制度和生态补偿公共制度的建设等方方面面，而生态补偿标准的确定和生态补偿评价指标体系的建立是其中的重点。因此，有必要改革和完善原有的生态补偿监管体制。环境会计作为生态补偿监管的量化工具，对加强生态补偿实施情况的跟踪和检查，补偿资金的使用情况和生态环保责任制的考核等起到重要的作用。完善环境会计为主要工具的生态补偿监管体制，需要各部门通力协作和统筹规划。一是在政府的主导下，加强各部门之间、部门和企业之间以及企业和学者之间的交流与合作；二是利用各种大数据平台和人工智能等，建立和完善环境会计信息和生态补偿监管平台和机制；三是借鉴国外一些成功的经验和作法，构建由政府主导，企事业单位和大众等多方积极参与的产学研推进体制。

第三节　新经济条件下会计发展

新经济与传统经济相比具有很多不同的特点，新经济的变化对会计也提出了多方面挑战。会计需要应势而变，新经济需要会计的更多参与。文章在回顾了新经济的特征、会计面临的困境和新经济对会计的期望之后，提出会计需要超越反映职能，服务于宏观经济、政治文明、道德文化和生态文明，实现会计发展与社会进步的协同。

会计因经济社会发展的需要而产生，并伴随着人类社会历史进程的发展而不断发展。当今社会已由工业经济形态过渡到新经济形态，企业的内外部环境都发生了巨大变化，会计理论与实务均受到重大影响，甚至有人认为会计未来会走向消亡。会计学是一门职能学科，会计的职能是指会计在经济管理活动过程中所具有的功能。作为"过程的控制和观念总结"的会计学，具有核算和监督、预测经济前景、参与经济决策、评价经营业绩等职能，其中核算和监督是两项基本职能。在新经济条件下，会计将何去何从？实践需要理论探索与指导，会计的发展是适应性的。本节以新经济为前提，对会计发展与社会进步的协同加以研究。

一、新经济的特征

社会上占主导地位的产业决定了社会经济形态。"新经济"一词源于美国，最初是指20世纪90年代以来信息、生物、材料等新兴技术的飞速发展使得美国实际GDP和人均收入史无前例地长期强劲增长的现象。"新经济"不仅被理解为经济质量和结构的变化，还包括市场运行、社会运转、生产过程和产业组织等发生的巨大变化。发展至今，新经济具有了不同的内涵，人们普遍认为新经济主要是一种持续高增长、低通胀、科技进步快、经济效率高、全球配置资源的经济状态。我国经济在经历了多年的高速增长之后，依靠要素投入的"传统经济"逐渐淡化，依靠知识和技术投入的新经济勃然兴起。新经济的特征主要表现在以下方面：

（一）知识、信息成为经济发展的主导因素

在长达几百年的工业经济时代，资本一直是经济发展的主要驱动因素。资本的所有者出资组建公司，资本的所有者也就顺理成章地成为公司的所有者，手中缺少资本的劳动者成为公司的雇员（包括管理者与员工）。在这样的劳资关系中，体现着资本支配劳动力的

逻辑关系。由于当时人在财富创造中的作用相对较低，资本是财富的主要贡献要素，资金也就理所当然地成为会计核算的主要对象。因此，工业经济是资本驱动的经济。在新经济时代，资本和劳动力仍然是生产经营的必需要素，但是，经济发展的模式发生了变化，资本和劳动力之间的逻辑关系也发生了新的变化。作为活劳动的人的作用显著增强，取代了过去长期占统治地位的资本，成为社会财富的最大贡献要素。资本不再是经济发展的决定性因素，知识、信息技术成为经济发展强劲的驱动力，经济社会实现了更高层次的发展。

（二）新经济模式是一种绿色的、先进的、可持续的发展模式

在传统经济条件下，自然资源相对充裕、人力资本相对廉价，加之知识与信息技术相对落后，企业粗放经营，经济难以按照科学的理念去发展。经过多年的发展，人类创造出了巨大的财富，但付出的成本代价也是巨大的，比如生态环境的恶化、土地资源的浪费等。因此，传统经济一定会被更高级的可持续发展模式所取代。在新经济条件下，社会发展方式、资源配置方式以及人们的思维方式和行为方式都会发生重大变化。

（三）社会精神文明程度的提升

传统经济条件下，人们的物质生活不够丰富，也放松了对精神层面的高层次追求，有人为了追求物质利益而降低了道德水准，甚至道德沦丧。在新经济条件下，人们的物质生活已经达到较为富裕的程度，加之人们的文化水平较之前有了大幅提升，人们不禁要去思考人生的意义和价值等高层次的人类终极问题。虽然物质财富是生活所必需，但精神层面的享受要远远高于物质层面的享受，精神享受才是人类最大的幸福。在新经济时代，人们精神文化层面的消费明显增长，物质层面的消费中也渗透着不同程度的文化内涵，文化的发展对于社会、组织和个人都有着十分重要的意义。精神文明层次的提升使经济呈现出高质量的发展，使整个社会处于高质量的良性发展状态。

二、会计面临的困境

经济社会的变迁决定了会计的产生与发展方向。人类社会先后经历了自给自足的经济、物物交换的经济、简单的商品交换和发达的商品交换几种经济形态，在每一种经济形态中，会计都发挥着重要的促进作用。会计由"结绳记事，刻木计数"、由简单的会计实务发展为完整的会计学科体系，由单式记账发展到复式记账，表现出了强大的生命力。一方面，经济社会的发展需要会计做出相应的变革；另一方面，会计的变革反过来又会推动

经济社会的再一次进步。会计总是在新时代来临之时重塑自身，去适应新时代的发展要求，与每个时代共同进步，在协助经济社会进步的同时，也实现了自身的发展。可以看出，经济社会发展的过程也是会计变革的过程。新经济条件下，会计面临的困境如下：

（一）会计前提受到挑战

现代会计成型于近代工业社会，在会计要素、会计等式、会计循环、财务报告等方面，无不体现着工业社会的诉求，会计也的确为工业社会的发展、为人类文明做出了重大贡献。会计主体假设、货币计量假设、会计分期假设与持续经营假设的提出在工业社会具有高度的科学性，没有这四种假设，会计理论与实务将无法开展。然而，在新经济条件下，随着信息技术的广泛运用，这四种假设受到了重大冲击。虚拟企业的出现使得企业主体的可见性、稳定性不再明显，对会计主体假设形成冲击；虚拟货币的出现对货币计量假设形成冲击，况且企业经营中还出现了不能用货币计量却十分重要的事项，如客户资源；信息技术的发展打破了会计分期假设，人们随时随地都需要且能够得到财务信息；企业风险变大、不可知因素增多，用未来12个月内预计企业不会破产作为持续经营假设也变得过时。会计假设是会计存在及运行的前提，会计假设决定了会计核算的每一个方面。前提受到冲击，那么会计应该往哪里去？

（二）会计要素设置不科学，影响了会计信息的有用性

企业的经济管理活动是会计的核算对象。我国把会计核算对象进一步细分为六大会计要素，即资产、负债、所有者权益、收入、费用、利润，会计要素分类反映了会计核算的广度。新经济条件下会计要素设置得不够科学，表现如下：首先，会计要素的定义表现出了一定的局限性，比如资产、负债、收入、利润的定义都是传统意义上的内涵，没有反映出新经济的发展要求，这种局限性影响了会计核算的准确性。其次，在企业的经营活动中出现了不能用货币表现的交易或事项，比如自创商誉、人力资源等，影响了会计核算的全面性。最后，会计核算对象的货币属性，降低了会计信息的有用性。在新经济条件下，社会经济发展的动力是信息与知识，是具有工作知识的人，已不再是传统的资本，关于资金的会计信息所受到的关注度大大降低，而那些对企业发展有重要影响的信息，比如公司战略，却由于不能使用货币计量，而没有体现在财务报表中。

（三）会计局限于微观层面，影响了会计价值的进一步实现

会计是一个信息系统。自会计诞生之时就一直在为不同的管理者提供财务信息。会计

的历史变革与经济发展密切相关，经济发展是会计变革的根本动因。会计的产生不只是为了服务于某一个企业，而是整个国家政治、经济、文化共同作用的结果。所以，会计的产生从一开始就属于宏观范畴，而不应隶属于微观。随着社会分工和经济发展模式的变化，会计理论、会计实务都发生了相应的变化，这种变化说明宏观的经济发展决定了对会计的需求。反过来，一旦会计理论与实务应经济发展之需而产生之后，就必然会通过政策工具效应、资源配置效应、交易费用效应等对经济发展产生不可替代的积极作用。然而，现实中会计系统被视为"决策有用"的定价系统或者作为一种普通的具有"噪音"的业绩评价系统，企业的发展与治理并没有真正反映在财务报告之中，这就导致了会计信息没有被充分利用，会计信息供给显得相对过剩，会计的职能也就不能得到真正发挥。

（四）会计视野局限于经济领域，没能反哺政治、文化

从总体来看，最初会计的诞生不是为了经济，而是具有非物质性目的。目前会计学科属于管理学，也曾被归类为经济学，足以见得人们把会计当作是经济管理的一部分，定性为属于经济管理学科。这也许是因为近代以来，世界各国都在追求经济的发展。事实上，经济生活仅仅是人们生活的一部分，除了经济生活以外，还有精神生活、文化生活。随着社会的进步，精神生活、文化生活的重要性最终会超过经济生活。政治对会计的影响主要体现在以下几方面：首先，政治影响经济环境，通过经济环境影响会计的发展与变化。其次，不同的政治模式，对会计的目标、职能等的要求不同。再次，不同的政治模式下，人们的行为方式不同，也会影响到会计实务的具体操作。会计的目光应该超越经济，关注政治文明、文化建设。

三、新经济对会计的期望

党的十八届三中全会做出《中共中央关于全面深化改革若干重大问题的决定》，强调完善和发展中国特色社会主义制度，推进政治体制、经济体制、文化体制、社会体制、生态文明体制和党的建设制度等方面的改革，无疑会对我国经济的发展方向产生重大影响，同时也会对会计产生深刻影响。

（一）宏观经济调控需要会计参与

宏观经济调控是一个国家为了国民经济发展而制定的经济调节手段，在整个社会范围内实施对经济资源的配置。谈论宏观经济，人们往往会联想到经济发展的"三驾马车"，

即消费、投资与出口。政府进行宏观调控的手段有利率、税率、汇率、存款准备金率等。这些宏观调控手段与工具的运用效果如何，则建立在会计信息的真实性与相关性基础上。经济发展正在由低水平向高质量转型，高质量的经济发展、高质量的经济决策，必然要有高质量的会计准则、会计信息做支撑。会计学中的基本理论问题与国际宏观经济以及四个"全面"战略布局政策之间的联系越来越紧密。目前，我国会计准则往往较多关注与国际趋同，而没有切实结合我国具体的经济、历史与文化的实际情况。另外，会计造假问题依然存在，会计信息质量也有待提高。我国调控经济依据的信息来源主要来自于国家统计部门的 CPI、PPI、海关、税务系统以及企业提供的财务数据。会计是连接微观企业行为与宏观经济政策之间的纽带。

（二）政治文明提升需要会计支撑

经济基础决定上层建筑，而会计是经济管理的重要基础，除了对经济基础的天然作用，会计的发展对上层建筑也有积极影响（周守华和刘国强，2014）。政治文明是人类发展过程中积累的政治成果的总和，政治文明需要优秀的会计来推动。会计是一系列的规则，也调节着政治的方方面面，会计信息质量特征对公众利益的调整具有强大的作用，会计监督客观上可以起到实现权力制衡、揭露腐败的作用。国家政治文明进程与会计的发展相辅相成，国家的政治制度结构影响着会计的需求与供给、影响着会计目标的确立、影响着会计的地位。反过来，会计的发展是政治文明建设的基础条件、是政治文明建设的重要动力，会计的国际化甚至可以倒逼一国的政治文明建设。

（三）社会文明的改善需要会计配合

诺思认为，制度环境是一个社会最基本的制度规则，是决定其他制度安排的基础性制度。从某种意义上来说，乔帕利所著的簿记论是文艺复兴的文化产物。会计准则的科学化总是涉及价值观、管理理念和文化。社会主义核心价值观的提出，更是彰显了社会精神文明的重要性。目前国家强调的反腐倡廉、企业社会责任的承担、企业管理者的担当都是政治问题。近年来，国内外会计舞弊案件频繁发生，会计行业遭遇诚信危机，人们已经意识到不能仅从法规制度层面寻找会计行为异化的原因，还应该从道德文化等更本质的层面进行反思。会计信息的有效利用，可以有效克服逆向选择和道德风险。因此，会计应跳出经济范畴，登上更广阔的历史舞台，以发挥更大的作用。

（四）生态文明建设需要会计同步

工业社会虽然给人类社会积累了财富，但也使生态环境付出了巨大代价。在发展经济的过程中，人们为了获得足够的利润，总是在破坏自然生态环境，企业在生产过程中虽然获得了利润，却没有考虑对自然环境承担的责任，很多企业开山毁林、大量排放废水废气，导致环境不断恶化。随着新经济时代的到来，社会发展模式发生了新的变化。人们在获得财富的同时，也看到了保护环境的重要性。在这方面，会计准则应该承担自己的责任，这是生态文明建设对会计提出的挑战，也是会计未来发展的动力与方向，会计学界与业界应该认真对待这个问题。目前企业财务报告中的会计利润是多方面事项的综合，并没有真正反映企业的收入、成本与费用，特别是生态环境补偿问题。

四、会计职能拓展的领域

《会计改革与发展"十三五"规划纲要》确定了会计理论研究工作的目标，即"紧紧围绕社会发展和财政会计中心工作实际，深入开展会计学术研究和理论创新，加快建立具有中国特色、实现重大理论突破并彰显国际影响力的中国会计理论与方法体系。"在过去几年的研究中，会计理论研究凸显了"宏观"色彩，从微观视角研究并服务宏观经济管理，政府会计改革、会计促进政府治理问题相关研究取得了突破，会计为管理服务、会计促进新常态经济发展、会计助力生态文明建设迈出了重要步伐，环境资源会计基本理论、自然资源资产负债表的编制等相关研究初步达成共识。会计的发展要与社会进步相适应，满足环境的需求，相互促进，美美与共。

（一）宏观经济

罗红等研究发现，我国上市公司汇总的会计盈余与未来 GDP 增长率显著正相关，我国上市公司披露的会计盈余信息具有明显的宏观预测价值，股权分置改革以及企业会计准则的国际趋同显著提高了会计信息质量，进而改善了会计信息的宏观预测价值。会计准则在制定过程中，应进一步关注宏观经济决策的需要，为宏观决策制定会计制度、设置报表项目。会计计量与宏观经济问题非常值得深入研究，比如投资问题、资产负债表问题、各类经济行为问题、宏观经济变化趋势问题等都取决于会计如何计量。在实际会计工作中，首先要保证会计信息的及时性、真实性、可比性，进一步提高会计信息质量。其次，要不断强化会计语言的通用性，扩大会计信息的公开披露程度，以有利于宏观经济决策。最后，要进一步结合宏观经济发展的需要设置会计科目。

（二）政治文明

会计学家杨时展先生曾指出，"天下未乱计先乱，天下欲治计乃治"，由此可见会计对于国家治理的重要性。会计准则的制定者应该具有高度的政治敏感性，使会计准则服务于国家的政治文明建设，形成会计与政治的联动与耦合，促进经济社会发展。会计实务工作者也应具有高度的政治自觉性，在企业内部控制、会计政策选择、会计的估计与判断等方面，都要注重政治的平等、公正、法治，通过政治文明的不断改善，最终实现社会的长期发展目标。作为一系列契约的会计规章制度的制定，实际上是一个政治博弈的过程。权力寻租是导致腐败的最重要原因。应建立和完善政府会计与预算体系，建立健全政府财务报告制度和政府会计信息披露制度，加强政府部门内部控制，完善经济责任制度，完善相关准则和标准的制定模式。"阳光是最好的防腐剂"，建立完善政府绩效报告体系，打造透明政府，推进政府高效化建设。完善会计信息披露与公开制度，促进政治公开化。

（三）社会文化

长期以来，人们习惯于把会计看成是一个经济信息系统，然而，会计与文化一直是密切联系的。几千年以来，人类积累了丰富的文明，包括物质文明，也包括精神文明。会计是物质文明发展到一定程度的产物，同时，会计的产生也与文化有着密切的联系，不同的文化可以产生不同的会计。"盎格鲁－撒克逊"会计文化的稳健性就是会计受文化影响的一个很好的例证。同时，作为文化范畴的会计，也同样会对社会文化产生反作用。利特尔顿（A. C. Littleton）认为，把客观、诚信的价值观当作不懈的追求，必须对数字进行如实的分类、正确的浓缩和充分的报告。在新经济条件下，要全面创新会计理论，完善会计的财富计量功能，通过对社会财富公正允当的确认、计量、记录和报告，为社会财富的合理分配提供可靠的基础；完善会计方法，为社会财富的高效合理流动提供有效途径，发挥财富在经济社会中的作用；完善会计职业道德与会计文化建设，不断提高人们的诚信意识、培养人们整体利益重于局部利益、长期利益高于当前利益的意识。人类社会的发展历史表明，文化是会计赖以生存和发展的环境，反过来，会计的发展对于推动社会文明建设也具有重要影响。在会计的发展过程中，要注重我国优秀传统文化在会计准则中的体现；在会计实务中，要注重优秀文化与会计实务的结合；要注重会计从业人员文化涵养的不断提升。

（四）生态文明

由于资本的贪婪，加之人们认识的局限性，在经济发展的过程中，很多国家的发展都以牺牲环境为代价。企业为了追逐高额利润，大量消耗能源、矿山，排放废水废气，会计利润增加了，可人类生存的环境被破坏了。企业积累了财富，公众却因为环境的恶化，身心健康受到了很大危害。企业的这种做法与人们追求幸福生活的愿望背道而驰。美好的自然环境是人类千百年以来赖以生存的基础，也是人类为之奋斗的目标。为了促进生态文明建设，在制订会计准则的过程中，要将自然资源、环境保护纳入会计准则研究范围，注重环境会计的研究。在考虑保护自然环境的同时，重新定义资产与负债、费用与利润的内涵，使会计真实核算企业的费用，真实反映企业的利润。从会计制度设计、成本核算，到利润的形成，都要注重生态文明建设。会计工作者也要在实务工作中认真贯彻绿色发展的理念。

会计是环境的产物，同时又反作用于环境。回顾历史，会计在人类文明进程中发挥了巨大作用。在新经济条件下，会计环境发生了新的变化，这种变化是挑战也是机遇，会计未来的发展是摆在会计学界面前的崭新课题。总之，会计应顺应时代发展需要，服务于宏观经济、政治文明、社会文化和生态文明建设，将会计职能与社会需求有机结合，从而实现会计发展与社会进步的良性互动。

第四节　中国法务会计的发展

随着我国社会主义市场经济发展，一直没有成为热点的法务会计开始逐渐被人们所重视，对法务会计的研究也变得越来越重要，然而国内相应研究较少，本节旨在帮助更多财会人员了解我国法务会计的现况与问题，引起行业内重视，促进我国法务会计发展。

一、法务会计的概述

（一）法务会计的含义

法务会计是在经济高速发展下，对职业种类进一步地细分，从业者需要同时具备法律、会计、审计的较高知识水平，为法律事项的当事人提供诉讼支持，在公检法提出要求专业援助时也能给出自己的专业判断，对经济犯罪等重大问题有着自己的职业敏感度，能提供相应审判证据。

（二）法务会计的目标

法务会计按照公共社会中的不同领域有各自不同的目标，因为本节探讨范围为中国，故以我国为主要分析主体，有如下几个领域：首先是企事业单位，其数量最多，规模最大，目标主要是在遵守我国法律、行政法规、规章的前提下，尽量和企事业单位的财务目标相同，使得企业财务健康稳定地发展；然后是以审计为主体的社会中介，尤其以世界四大会计师事务所和中国八大会计师事务所为翘楚（其法务会计业务量达到同行业的99%)，其主要目标是依据自己专业知识素养，对受托单位的全部财务资料依法进行合规性报告；最后是公检法等司法部门，其主要目标是服务于法律诉讼，提供公诉人需要的法律证据以及鉴证，从而判定法律相关责任。

二、中国法务会计的发展与问题

（一）中国法务会计发展现状

在我国，法务会计是在欧美国家法务会计业务成熟后传入的概念，起步较晚，在初期阶段的重视程度也不够，最近几年才开始对其加以重视，因此导致了现今很多的状况发生，比如企事业单位、社会中介机构、公检法三者均应该有大量法务会计人员从事，但是因为我国的特殊国情，导致了我国法务会计主要集中在社会中介机构，发展缓慢，知识传播效率低下，很多大众并不熟悉这个学科。而从业人员往往或者单为注册会计师，对法律相关的业务流程、程序并不是很了解；或者单为法律工作者，对经济业务各方面并不熟悉。

（二）中国法务会计发展问题分析

1. 理论体系发展不健全

就目前我国对法务会计理论的研究现状来看，研究人员还是在法务会计的框架、涵义、方式、方法上进行概括总结，而且多是对外文的翻译与借鉴后形成的，对如具体方法的时间运用、数据分析以及对相关理论创新中国化方面并没有深入地研究，正是因为这样，认识无法正确指导实践发展，所以在法务会计服务过程中很多问题无法解决，新型人才的培养也很困难。

2. 人才匮乏

因为理论的匮乏，所以人才培养上也出现了问题，主要表现在教育上。众所周知，我国人才专业知识的培养主要在大学以及以后，而据 2019 年财政部给出的最新数据报告，在我国大学本科阶段开设法务会计方向的仅有 11 所，研究生阶段仅 9 所，博士生阶段仅有 3 所，这不得不说是一个残酷的事实，不仅仅是大众对法务会计的概念一无所知，而且专业从事财会以及法律的人员对其也是知之甚少，这些对法务会计的发展不得不说是很大的打击。

3. 制度层面不完善

在我国，法务会计在从业时往往依据的是会计准则、税法、经济法相关规定。这就导致了一些问题，如会计准则与税法关于营业税改增值税后相关规定的冲突、支付结算制度与会计准则的冲突等等，法务会计往往难以解决，只能根据经验去判断甄别，而一个行业的发展如果只停留在经验层面，那么发展就会受阻。

三、对中国法务会计发展的建议

（一）加强法务会计理论研究，健全理论体系

首先，仿照注册会计师协会建立法务会计协会，协会建设应该先确立行业的领军人物，在其指导与讨论下逐步确立整个理论体系，协会应当分全国与地方，考虑到初期发展问题，地方可以到市级，在协会建设遇到困难时可以求助当地政府或者国务院财政部委；然后更加深入法务会计研究，体系的建立需要无数分支的支撑，我国欠缺的正是分支的支撑，因此政府应当牵头，组成专家学者专门对法务会计具体工作方法、方式进行探索，将法务会计中国化，对整个理论体系进行创新。最后，应当在 985、211 的高校中设立法务会计研究中心，在其研究中心有一定成果后再由其派出骨干人员指导普通院校建立研究中心。

（二）加强法务会计教育，增加人才供给

教育上，又分本硕两个主体。针对本科生，一方面要培养他们对法务会计学科的兴趣，专业老师在开学伊始就要对法务会计全面讲解以及其广阔的就业前景给予说明，另一方面要增加设立法务会计方向的本科院校，对实在没有能力开展相关方向的学校，可以指派骨干从业人员在学校建立法务会计实验班，促进其发展。同时鼓励学生修法律与会计的双学位，努力成为相关人才；针对硕士生，一方面要开源，即增加相关院校，另一方面也

必须得承认我国短时间内增加大量可以就读学校的难度太大，应当与国外院校开展学分互认的项目，共同培养人才。

（三）加强制度层面建设，完善制度规范

国务院财政部、各级地方政府应当将法务会计的制度建设提上日程。国务院财政部首先应当对其准入条件进行精确地规定，然后要组织相关的职业考试，值得注意的是，其过程可以逐步推进，在问题中不断改进具体法律法规。各级地方政府对法务法务会计的制度建设应当注重细化，对财政部颁布的相关制度结合自己的省市具体情况加以改变和实施，因地制宜地进行法务会计制度建设，从而在国务院和各级政府的共同努力下全面进行制度建设。

第五节 我国电子商务会计发展

一、电子商务的相关概述

所谓电子商务，主要是指在现代商务交易过程中卖方通过运用先进的互联网技术和网络信息技术等等，以计算机作为主要通信媒介所开展的商品交换活动。换而言之，电子商务就是在传统商务发展的基础上将各个环节和各个模块进行电子化和信息化，促使买卖双方在网络平台中实现实现商品的交易，并且通过第三方支付软件进行付款。电子商务的出现和有效运用在一定程度上体现出了时代性，对传统的电子商业交易模式进行了改革创新，并且通过一系列的商务电子商务活动提高了企业的经济效益和社会效益，促进区域经济的可持续发展。另外，对于买方而言，电子商务使得其能够在网络平台中进行商品的选择，节省了购物时间，可以足不出户了解当前的商品发展趋势，对比商品价格，从而选择性价比高的商品；而对于卖方而言，电子商务的出现能够帮助其减少成本费用和管理费用，没有中间商进赚取差价，使得产品的价格更能够吸引消费者。

二、电子商务会计与传统会计的区别

（一）会计目标

在传统的会计发展过程中，相关学者认为企业在进行经营管理的过程中应当将所有权

和经营权进行区分。所有者应当对其资产的运用情况和效率进行有效的掌握和管理，而经营者应当及时向所有者进行资产汇报，分析并解释经济活动的必要性及其产生的最终结果。随着电子商务的不断发展和渗透，当前我国经济活动大多已经实现了商务化和电子化，立足于互联网技术以及网络技术的基本特征，对会计信息进行及时有效地处理，能够同时向经营者和所有者提供有效的决策信息，最终将决策和责任进行有效的融合。

（二）会计主体

在传统的会计发展和工作过程中，企业作为会计主体是真实存在的，并且具有一定的物质形态，相对稳定，是一种实体组织结构。但是随着电子商务的不断发展，传统会计理念下的会计主体已经逐渐趋于虚拟化。在实际工作过程中，这样的会计主体可能是暂时性的，没有固定的形态，也没有具体的活动空间，会随着市场发展的实际需求不断进行变革。但同时这样的会计主体是难以有效预测和管理的，市场无法对其进行有效的识别。

（三）会计分期

在传统的会计工作中，通常会将会计主体设定为一个长期存续的结构和组织，基于这样的一个长期性，对企业的实际收入、支出等等情况进行分析，编制出科学合理真实的会计财务报表。电子商务环境下的会计信息在一定程度上提高了工作效率，能够实时报送，及时更新，投资者和权益者可以随时随地在网上进行会计资料的查看，了解企业的经营状况。但是在实际工作过程中，大多数企业为了分清企业的经营管理成果，通常会设置待摊、预提等会计科目。

（四）会计凭证的确认

传统的会计工作都是将所有的凭证和财务报表通过纸质资料进行记录和总结。不管是原始凭证、记账凭证，还是财务报表都需要相关负责人的签字和盖章，从而明确经济活动的真实性和可靠性。但是随着电子商务的不断发展，原始凭证逐渐实现了电子化，这在一定程度上简化了会计工作，但因此也产生了会计凭证的真实性和合法性如何进行可靠的辨别等问题。电子商务平台下的数据信息是无法通过字体来辨认的，每一笔发生的经济活动和交易业务不仅仅要对数据进行准确的核对，还要注重经办人和批准人的网络签名和盖章。

三、当前我国电子商务会计发展面临的主要问题

（一）缺乏切实可行的法律政策制度作为依据优化会计市场环境

网络平台中的用户及终端大多分布较为广泛和零散，这增加了客户的识别和验证难度。在会计信息的传递过程中，由于互联网的开放性和多元化，在一定程度上增加了传递的风险性。信息很有可能被其他不法分子冒充用户进行截取，同时对互联网平台的控制程序进行访问。另外，不管是计算机系统还是网络平台都存在一定的漏洞，一旦被竞争对手窃取商业机密，直接造成相关会计信息的流失，直接对企业的经济利益造成损失。在计算机和互联网安全管理的过程中，相关政府职能并没有充分意识到电子商务交易的虚拟环境，没有对交易过程和交易双方进行可靠的安全保护，这在一定程度上直接增加了会计工作的风险性。

（二）会计审计工作难度加大

随着我国信息技术的不断发展，大多数企业在进行电子商务活动时将数据信息存放在电子系统中。但是在实际工作过程中，系统对于一些错误的处理方式具有一定的连续性，很多会计工作的不相容职责较为集中，在一定程度上为企业中的不法分子提供了舞弊的机会。当前电子商务背景下的会计工作并没有充分考虑到审计的重要性。在实际交易活动中缺乏相关的线索，无法对其真实性进行考核。传统的会计工作原始凭证或是会计凭证都是由专人填写，笔迹具有一定的辨认性，确保无法对专人笔迹进行篡改和修改。但是电子商务平台下，相关人员可以通过系统平台直接对数据信息进行修改并且不留下任何痕迹。

（三）电子会计数据的法律效力有待认证

在发生经济交易的纠纷时，原始凭证通常能够作为最直接有效的证据。但电子商务的发展使得会计数据信息逐渐信息化和电子化，这样的数据信息能否作为直接证据已经成为大多数国家面临的主要问题。尤其是在面对审计和税务检查时，这样的信息能否作为可靠的依据是有待认证的。

四、电子商务背景下提高会计工作效率的策略和措施

（一）加强会计工作者的信息安全防范意识

首先，相关会计工作者应当提高自身的安全防范意识，相关企业及职能部门应当建立健全可靠的电子商务会计系统，作为促使其可持续发展的重要保障。具体而言，首先，会计工作人员应当树立正确的风险意识。加强对会计信息的管理，通过对其输入、输出、权限控制、安装防火墙等等方式，明确要求外部用户进行会计信息的访问必须有一定的授权，拒绝非法访问；其次，会计从业人员应当对会计信息进行及时的备份。尤其是对于企业的一些决策信息或是重要数据等，要及时传递到相关可靠的介质上，从而防止信息数据的丢失。

（二）改善优化电子商务的会计环境

网络经济的不断发展在社会上打造了一个全新的交易市场，这也是未来我国市场经济发展的主要趋势。为了充分提高电子商务的发展效率和质量，相关部门首先应当对市场环境进行改革优化。一方面，相关职能部门应当对金融监管和服务环境进行改革，建立起健全的监管制度，加强对网上交易的实时监控，确保第三方支付简便快捷，从而营造出良好的交易环境；另一方面，职能部门可以通过物联网技术对物流管理进行优化。装备识别器、红外感应器、GPS定位等相关的设备设施，充分实现信息的传输和交换，对企业商品进行智能化服务，准确定位监控，从而提高企业的经营管理效率和质量。

（三）运用现代信息技术，优化技术环境

随着现代信息技术的不断发展，当前我国会计工作在进行相关资源资料的收集和处理时大多依靠网络技术。例如，大数据技术、现代信息技术、物联网技术、云计算等等，都为电子商务的进一步发展奠定了良好可靠的基础和优质的环境。例如云技术能够提高电子商务的计算和存储能力，搭建起高效的会计工作结构和框架，逐渐实现电子商务信息交流的虚拟化和可靠化，有效为相关的消费者和用户提供自动化服务，确保电子商务信息数据的安全性，提高数据中心的效率。同时对第三方支付功能进行可靠的优化改革。通过这样的方式简化会计工作，提高管理性能，促进电商行业的可持续发展。

（四）提供智能化的电子商务会计服务

电子商务的广泛运行为用户提供了更高的服务性能，智能化服务能够与会计工作的各个环节和信息数据系统进行无缝衔接，为企业的经营管理提供可靠的数据支持，促进企业的经济效益的提升。随着电子商务的进一步发展，代账平台作为智能化电子商务会计服务的主要平台之一，基于互联网技术和大数据技术对会计工作的账、证、表等等业务进行有效的处理，对收账、记账、报税等业务进行全面系统的管理和优化，减轻会计人员的工作负担。同时这样的智能化电子商务还能够对会计处理流程进行简化，对会计管理中的无效行为或不增值活动进行减少，站在全局的角度上，以经济效益和社会效益最大化作为主要目标，优化会计工作和会计流程。

综上所述，电子商务及相关会计从业人员应当加强自身的信息安全防范意识，改善优化电子商务的会计环境，运用现代信息技术，优化技术环境，提供智能化的电子商务会计服务。

第六节　依法治国与环境会计发展

为了应对我国目前极为严峻的资源环境发展形势，在宏观上需要法治的规范与保障，在微观上需要环境会计发挥基础计量功能和利益调整与分配功能。依法治国方针表达了我国对生态资源环境治理的重视，对环境会计研究有着引领与推进的重要作用，同时环境会计研究也为依法治国提供基础性作用，二者是相辅相成的。本节回顾了环境会计的发展，分析了依法治国方针与环境会计的互动关系与作用机制，提出了依法治国方针下的环境会计发展的趋势和展望。

生态环境问题关系到国计民生，是人类社会生存和发展的根源，是一切上层建筑的基础。没有良好的生态循环和环境基础，政治、经济和社会的发展将难以持续。为实现全面经济发展、政治清明、文化昌盛、社会公正、生态良好的治理目标，十八届四中全会做出了全面推进依法治国重大决策，党的十九大也提出，建设生态文明是中华民族永续发展的千年大计，只有实行最严格的制度、最严明的法治，才能为生态文明建设提供可靠保障。

依法治国方针体现了我国重视和保护生态环境资源的决心："用严格的法律制度保护生态环境，加快建立有效约束开发行为和促进绿色发展、循环发展、低碳发展的生态文明法律制度，强化生产者环境保护的法律责任，大幅度提高违法成本。建立健全自然资源产权法律制度，完善国土空间开发保护方面的法律制度，制定完善生态补偿和土壤、水、大气污染防治及海洋生态环境保护等法律法规，促进生态文明建设。"该方针的提出适应了保护生态和环境的需要，指明了我国依法进行保护环境资源的方向，并指出了法律应为环境保护提供保障、企业应积极承担社会责任、科学研究应为生态文明建设提供基础性支持，这也是环境会计研究的时代课题和探索的发展方向。然而，我国环境会计研究目前发展还相对落后，难以适应当前生态环境保护的需要。因此，根据我国依法治国的宗旨，环境会计的变革与创新迫在眉睫。

一、环境会计的产生和发展

会计研究关注环境问题最早开始于 20 世纪 70 年代，学者们开始探讨用会计理论和方法来解决环境问题。20 世纪 90 年代以后，随着科学的理论的发展和研究的进步，环境会计的研究开始步入快速发展的阶段，会计学术界对环境会计理论的认识不断深化。环境会计被认为是一种管理工具，能够对资源与环境进行确认、计量，能够反映环境资产和负债的价值变化。此后，会计学者们从理论和实践出发，利用规范研究和实证研究等方式，对环境会计进行了多方面的探讨，在可持续视角、外部性视角、信息披露视角、成本管理视角和行为科学视角均形成了大量的研究成果。

随着研究的深入，我国一些学者开始意识到会计与国家治理、社会进步以及生态文明建设密不可分。著名会计学家杨时展教授阐述了会计理论研究与国家治理的关系，他指出"天下未乱计先乱，天下欲治计乃治"，其中的"计"被学界广泛理解为"会计"，意即欲治理天下，应先治理好会计。杨时展教授高屋建瓴，从哲学和国家兴衰的角度来思考会计问题，为我们当前乃至今后的环境会计研究工作指明了方向。

近年来环境会计研究呈现出蓬勃发展的趋势，取得了较丰富的研究成果。尽管如此，目前环境会计还是没有统一、权威的理论框架。因此，环境会计的发展亟需突破，应该结合我国特殊的制度背景，考虑我国特有的资源和经济环境对环境会计的特定要求，从建设我国生态文明制度的目标出发，推动符合中国实际的环境会计的研究，真正将环境会计研究拓展到环境资源保护、促进生态文明建设等深层次的方面，推动依法治国方针的落实。

二、依法治国与环境会计的互动关系与作用机制

依法治国的理念与环境会计的发展之间存在着客观的互动关系和作用机制。一方面，完善的生态环境保护的法律制度和健全的环境保护体系，以及规范的会计制度法规等因素

可以促进环境会计信息质量的提高，可以推动环境会计的发展；另一方面，完善的环境会计制度能够促进企业及时有效的披露社会责任信息，通过会计报告反映环境资源的会计信息，能够保障公民的知情权和监督权，能够为依法治国提供基础数据、参考资料和评价依据。因此，依法治国需要环境会计来支持和落实，环境会计需要依法治国来作为引领和保障。

（一）环境会计在依法治国中的基础性作用

在"新常态"下，依法治国作为经济和社会发展的重要保障，就是要依法对政治利益、经济利益和社会利益进行科学有效的调整和分配。在此过程中，会计必然彰显出基础性作用。环境会计作为一种核算手段和管理工具，可以促进环境保护和治理。从微观层面来看，环境会计可以对企业的环境资产、环境负债、环境损失等方面进行量化，并进行确认和计量；从宏观层面来看，环境会计可以对行业、区域、国家甚至世界的环境资源计量提供数据，并为各项政策方针和法规提供依据。所以，环境会计服务于依法治国，在社会发展中发挥了积极的基础性作用。

（二）依法治国对环境会计研究的引领作用

首先，依法治国能对环境会计研究提供方向指引和政策导向。依法治国方针内容中的环境治理与保护是国家治理的重要部分，也是保持国家可持续发展的善治状态的根本需求。如果继续追求经济上的高速增长而忽视环境资源的保护和环境法制的建设，整个社会将偏离和谐健康的轨道。在传统会计理论的基础上，我们需要充分考虑时代的背景和意义，融入与生态环境、经济发展相关的观念，推动我国环境会计研究的发展，适应现代社会高速发展的要求。其次，依法治国能对环境会计提供推动作用和法治保障。全面推进依法治国是一个系统工程，需要全社会各行业共同努力。全面推进依法治国也是国家治理领域一场广泛而深刻的革命，为治国理政打下坚实的基础。依法治国的精髓在于更好地发挥法治的保障和规范作用，为我国和平发展的战略目标奠定更加坚实的制度基础。

一言以蔽之，依法治国与环境会计是相互作用、相辅相成的。为了应对我国目前极为严峻的资源环境发展形势，在宏观上需要法治的指引与保障，在微观上需要环境会计发挥基础计量功能和利益调整与分配功能，二者缺一不可。

三、依法治国方针下环境会计发展趋势分析与展望

相对于国际上一些发达国家，我国环境会计的发展相对滞后。究其原因，主要是缺乏

明确的政策指引和规范的体系指导，因此一直限制着我国环境会计的发展。庆幸的是，为保护和改善环境，我国政府已经认识到生态环境破坏的危害，并采取了包括修订实施环保法在内的一系列措施，并把环境保护和治理提高到国家治理的高度，在依法治国方针中对生态环境的保护与治理做出了明确的阐述和规范。而且，在理论研究上，新的时代背景和依法治国方针为我国环境会计研究提出了新的挑战，从而引发我们对环境会计研究趋势的新思考。此次依法治国方针的提出为依法保护和治理生态环境提出了新方向和新要求，也为环境会计研究提出了新思路和新保障。具体来说，依法治国方针对环境会计的发展方向带来了指引和推进作用：

（一）环境资产的确认和计量

依法治国方针提出要建立健全自然资源产权法律制度，这就意味着要求明确自然资源的产权并对其进行资产确认与计量，这对传统会计理论带来了挑战。在传统会计理论中，经济产出仅是经济投入的结果，不包括对自然环境的利用和投入。在我国现有的环境会计研究中，自然资源是否被计入资产范畴也一直未有统一意见。但根据新环保法第一章总则的概念，一些自然资源如大气、水、湿地等也应该计入资产的范畴，体现了学术界对环境资产定义的一些先进理念。实际上，自然资源与环境不仅仅是作为自然环境和生产条件，还可被视作重要的生产要素，可以被确认和计量，并直接参与经济循环的全过程。所以在环境会计研究中要确认环境资产的内涵和分类，补充和完善传统环境资源的概念，对符合资产条件的自然资源纳入资产范畴，并对其加以确认；同时对不同类别的环境资产应制定资本化或费用化标准，进一步对环境资产进行价值化，综合反映环境资源的信息与价值。

（二）自然资源资产负债表的编制

自然资源对人类社会的生存和发展而言，是一种不可缺少且非常特殊的资源。如何恰当地对自然资源进行计量和报告，反映其重要的经济价值和社会价值，是当前环境会计研究的重点和难点。我国自从十八届三中全会明确提出探索编制自然资源资产负债表的要求后，国家发改委、财政部等六部委也随即要求，未来成为国家生态文明先行示范区的地区将率先探索编制自然资源资产负债表。尽管自然资源资产负债表与传统会计意义上的资产负债表有着重要的区别，但是会计在编制自然资源资产负债表过程中将起着重要的作用。因为对环境资源的使用对社会带来的影响、造成的生态损失，需要会计的理论和方法来进行基础核算。自然资源资产负债表是建立生态文明法律制度的重要创新，也体现了环境会计对自然资源环境的计量作用和价值功能。

（三）生态补偿机制的价值核算

为了保持生态环境的可持续发展，依法治国方针明确了要建立完善生态补偿等法律法规。生态补偿机制需要对生态功能价值进行核算，并计算出生态保护成本，考虑生态发展的机会成本等因素，这些问题都需要环境会计的辅助，才能正确反映生态补偿的价值，为生态保护补偿机制提供数据基础和决策依据。最重要的是，我们要认识到生态保护补偿机制是为了保护现有的环境，恢复已被破坏的环境，运用法律手段和制度手段对生态环境进行补偿和恢复，不让生态环境继续被破坏，从而达到保护生态环境的目的。

（四）融入环境信息的综合报告的披露

强化责任与有效约束离不开企业社会责任报告和环境信息的披露，越来越多的人们认识到环境信息披露的重要性，公众对环境的知情权、监督权需要法律法规的保障。因此，要建立健全环境会计信息的披露机制，尤其要披露融入环境信息的综合报告。企业编制和披露融入环境信息的价值报告，是企业可持续发展和我国经济社会文明进步的迫切需要。但目前我国没有统一对企业环境信息披露的要求，所以我国急需建立环境报告体系，将环境信息融入综合报告中，为公众提供及时有效的环境信息。因此我们要将企业社会责任融入到现有的对外报告中，相对真实、可靠、全面地反映包括环境影响在内的经营状况及未来发展前景。

（五）环境成本的控制与管理

依法治国方针要求强化生产者环境保护的法律责任，对违反者要进行严惩。因为我国一直以来违法成本相对较低，一些企业敢于铤而走险，宁愿违反环境保护的法律和条款，也不愿自觉保护环境、承担社会责任。环境会计需要为企业提供环境成本信息，为管理者提供决策支持。对企业而言，降低成本（包括环境成本）是提高利润的方式。所以加大企业污染惩罚成本，企业就会追逐利润导向而重视环境成本管理，例如采用环保的生产方式，研发环保技术与设备等。

除此之外，还有另外一些方向，比如环境负债、环境绩效和社会责任等相关问题，也值得我们进一步探讨，限于篇幅，在此不一一展开。

综上所述，环境会计研究需要为指导环境会计实践服务，更需要为响应国家的环境政策和法规建设服务。依法治国方针的提出和实施以及相关法规的应运而生对环境会计研究提出了更高的要求，也为环境会计提供了法律保障和政策指导。因此，当前我国的环境会计研究需要响应依法治国方针的要求，尽快明确环境资产的确认与计量、探索编制自然资源资产负债表、建立完善环境信息披露体系、助力构建生态保护补偿机制以及推动排放权交易会计制度建设等问题，配合新环保法的实施，以响应国家的依法治国的号召。

第四章 当代会计的主要思考方式

第一节 预测

在企业的经营发展中，科学而恰当的经济预测为其未来的发展奠定下了良好的基础。而预测本身是通过企业以往经营所产生的相关数据为蓝本，相关人员通过相应的方法，进一步的通过预算、会计核算来对事物未来的发展规律、结果的可能性进行推测。而随着信息化时代的到来，管理会计作为经济预测结果的一种推测性数据基础，其科学化变革将会对经济预测的结果产生促进性作用。本节主要就现代管理会经济预测内容的主要变化方向、具体的预测方法这几方面进行相关的论述。

信息化时代的到来，对企业的发展起到了促进性的作用。同时也促使其转变原有的管理观念，对相应的管理方法进行变革。管理会计作为企业管理中非常重要的一个环节，其对经济预测的准确性提供了有效的数据支持。而传统的经济预测主要针对销售、成本、利润之间的关联性来完成，随着时代的发展，企业的生产、经营方式发生了改变。原有的管理会计核算方法，无法为经济的预测提供恰当的、科学的数据支持。从而影响到了经济预测的准确性，因而结合当前企业的实际经营情况，来进一步的深入化研究、创新，对于企业未来健康、有序、良好的发展将起到促进性的作用。

一、当前经济预测内容的主要性变化

（一）预测的内容不在只局限于财务信息方面

以往管理会计主要为经济预测提供财务方面的信息数据，而随着信息数字化时代的到来。市场上企业间的竞争越来越激烈，以原始管理会计所提供的会计信息数据基础进行的经济预测，已然无法满足企业的经营发展需求。因而扩大管理会计的研究深度，将非财务信息内容如市场需求量、占有率、生产弹性等多方面的指标进行调查、统计、分析，从而

来加大经济预测内容的范围，于多方面来进行经济预测，将为企业的未来决策、经营、发展提供更为有利的帮助。

（二）预测的内容不单单只针对短期数据

为了更好的来适应企业未来经济发展的需求，相关人员应着眼于企业信息的全局化、长远化。以战略会计的角度来对企业当前经营过程中的相关信息内容进行归纳、统计、分析、管理。相应的便加大了工作量、提升了工作的复杂性与难度，但是数字化信息技术的应用，为战略管理会计的有效完成奠定下了良好的基础。所以对于企业的相关人员而言，应以战略管理会计的角度，将外界环境、企业战略发展等因素考虑进来。从而以长远的角度来进行经济预测，为企业的经营发展提供更具深远性的数据内容。

（三）扩宽经济预测内容的范围

随着社会科技的进步、经济的快速发展，市场对企业于多方面提出了更好的要求。因而对于企业而言，做好自身的经营管理，以战略性角度来思考、调整自己的发展方向、提升自身的市场竞争力是非常有必要的。而深远的、广阔的经济预测，将对企业的经营决策、未来发展提供更为有利的数据支持。因而就这一角度而言，扩大经济预测的内容是非常有必要的。

1. 对企业竞争对手进行分析

按会计主体内容来看，竞争对手分析已然超出了会计主体的核算范围。但是相关人员通过对企业竞争对手的经营情况、市场占有率等方面的信息进行分析，再结合自身的相应情况进行对比，可直观的发现自己的不足、所需要改进、提升的内容。进而有效的完善了经济预测内容，将进一步的提升经济预测的可参考性，这为企业未来经营发展方向的确定提供了更为有利的数据信息服务。

2. 对顾客需求进行分析

顾客是企业服务的对象，是商品销售的最终购买、使用者。对其的需求情况、产品使用的满意性等多方面进行调研、分析。可及时的对当前的产品类型、价格、质量等按其的需求进行调整。进一步的扩宽了经济预测的参考内容，扩大了经济预测的范围、提升了预测的准确度，为企业未来的经营发展提供了更为有效的数据支持。

二、经济预测的具体方法

经济的预测是以管理会计提供的数据作为基础来完成的，而准确的管理会计数据是需要相应的方法来对各类原始资料进行归纳、核算、总结后得出的。而目前主要采用两种方法来进行数据计算，一是定量预测方法、一是定性预测方法。

（一）经济预测定量方法的具体应用

该方法下主要是通过对经济预测对象的相关历史数据进行收集后，以数学模型的方式，来对其未来可能达到的一种数量值进行计算。目前于其内还进行了两种分类，一是时间序列预测法、一是因果关系预测法。在时间序列预测方法下，相关人员会以预测对象随时间变化所产生的有关数据为基础，并以相应的数据运算方法来对未来的结果进行预测；而在因果预测方法下则是以相关影响因素的历史性数据为基础，通过数据模型的建立来对预测对象的未来数值变化进行确定的方法。

（二）经济预测定性预测方法

在这一方法下相关人员会根据预测对象认识度、了解、掌握程度作为数据分析的基础，进而来对其未来可能发生的状况进行推测的一种方法。随着数字信息化时代的到来，这一方法的应用性被大幅度的提升，强化了此一方法下经济预测数据的准确性。

为了更好的适应社会经济发展的需求，于竞争中更具优势，企业应拓宽自己的管理思路，以现代管理会计方法来提升、深化经济预测的范围、准确度。进而为企业的经营发展奠定下更好的基础，为其的经营决策提供更具参考价值的信息。

第二节　决策

管理会计中，高层一直被视作投资中心，对企业投资或资产利用的效率（如净资产收益率）和效果（如经济增加值、剩余利润）负责。因此，高层战略实施成果的评价标准首先是投资或资产利用的效率和效果，其评价内容还需包括通过平衡计分卡得出的非财务指标。

管理会计是一个价值创造的信息系统，最终主要服务于两个目标：一是为管理决策提供必要信息；二是为构建战略实施的管理控制系统提供信息支持。

一、决策支持

（一）厘清经营决策中成本的"相关性"

由于缺乏管理会计知识和工具，我国很多企业的管理者在决策时所依据的成本仍属于传统的会计成本，混淆了对外提供财务报告和对内提供决策信息的需求。笔者曾亲身经历过一项决策，总经理需做出部件自制或外购决策，在向外委方询价时，对方报价是每件160元，而财务处长测算的单件成本是175元，总经理根据这一信息做出了外包决策。但实际上财务处长做的这一成本数据是全口径成本，而非相关成本。笔者重新做了测算，相关成本只有130元，显然自制部件更加合适。实际上，企业大量的经营决策是基于成本的决策，如产品定价、产品组合、零部件自制或是外购、特定订货是否接受等。在进行这类决策时，关键是厘清成本的相关性，即是说，与决策有关的成本，即使没有发生，在决策时也需要加以考虑，如机会成本；而与决策无关的成本，即使已经发生，在决策时也不用考虑，如沉没成本。

（二）投资决策突出战略导向

资本性投资项目应该是基于实现公司战略目标而提出，体现公司的战略发展意图。其投资决策正确与否不仅直接关系着整个公司资源整合配置与发展的基本思路，还直接影响着公司的核心能力与市场竞争优势。但现实中，大量企业在进行投资项目选择时，看重的是项目技术上的先进性和经济上的可行性，在经济评价中，方案的取舍依据的是净现值、内含报酬率等财务指标，忽视了影响项目选择的非财务因素，也就难以从战略的角度进行资源配置。其后果是，公司越来越走向非相关多元化，而实践表明，过于多元化是导致多数企业失败的元凶。

资本资源配置是公司的重大决策事项，决策时必须考虑到公司的发展战略，如产业性质与产品系列定位、市场开拓区域等。投资项目的选择应预先排除任何偏离公司核心能力的投资活动，资本资源的分配不能单纯依靠资本预算技术，应将是否符合发展战略作为方案取舍的首要标准。

二、管控系统设计

管理控制是战略实施的工具。企业作为层级组织，通常区分为高层、中层、基层和现场。与此相适应，战略实施的管理控制系统可以分为高层管理系统、中层管控系统和基层管控系统。每个管控系统运行既要实现自身目标，又要符合公司的总体战略目标。

（一）高层管理控制系统的核心是战略

高层管控系统是基于公司治理的内部控制，是通过治理结构设计，由公司治理主体实施权责配置、制衡、激励约束、协调等功能，促进管理人员履行职责。高层管理控制强调股东或董事会对公司高层的控制，控制对象为公司高层经理。

董事会在治理型内部控制中承担着重要职责，通过拟定战略方向、行使决策控制权、对战略绩效进行评价、关注管理层战略行为等方式，保障战略控制的有效实施。

高层管控系统设计的主要工作包括：

1. 战略实施过程监控

高层经理可利用平衡计分卡、战略仪表盘等工具将关键绩效指标报告董事会，使董事会清楚管理层在做什么，以及企业是否处于正确的发展轨道。由此，董事会成员便能专心致志发挥其特长，把工作重点放在发现"关键问题"上，而不是"在驾驶室里妨碍船长开展日常工作"。

2. 战略实施业绩评价

管理会计中，高层一直被视作投资中心，对企业投资或资产利用的效率（如净资产收益率）和效果（如经济增加值、剩余利润）负责。因此，高层战略实施成果的评价标准首先是投资或资产利用的效率和效果，其评价内容还需包括通过平衡计分卡得出的非财务指标。也就是说，业绩评价除了考虑结果控制指标外，还要考虑过程控制指标、主观业绩评价指标以及社会责任履行情况。

3. 高管激励

高管激励是公司治理的动力机制，是公司治理机制的核心内容之一。在激励制度设计过程中，要注意以下几点：①将完成任务的效果直接与报酬挂钩。公司高管的任务来源于董事会通过的战略计划，高管的报酬在很大程度上取决于完成任务的效率和效果。②设计合理的报酬结构。经营者的报酬可以采取工资、奖金、股票和股票期权等形式，而最优报酬设计应是不同报酬形式的有机结合，另外，董事会应根据企业发展战略调整报酬结构。

（二）中层管理控制系统的核心在于协同

1. 中层管理控制系统的首要目标是战略协同

战略协同强调公司战略与业务单位战略的一致性，这对于公司战略的成功实施十分关键。其方法是借助战略地图和平衡计分卡实现战略转化，即是以组织结构和业务流程为基础，将表示公司整体业绩的平衡计分卡指标横向分解为各责任主体业绩指标、纵向分解为责任主体内部各个层级乃至每一位员工的业绩指标。这一过程使不同层级的评价指标通过因果关系而相互关联，确保了评价指标与战略挂钩，也有利于战略协同的实现。

2. 构建以预算为核心的监控系统

公司管理的核心问题之一就是整合，即将众多二级经营单位及其内部各个层级、各个单位和各位员工联结起来，围绕公司总体目标运作。实践证明，全面预算管理是实现公司整合最基本、最有效的手段，其核心在于通过构建预算监控体系，实现公司总部对二级单位的监控。预算监控系统包括预算执行进度的计量与监控、实际业绩与预算比较、反馈报告三部分。

3. 建立基于目标一致性的业绩评价系统

实现战略协同面临着一个基本问题，即如何将所选战略通过预算转化为一套完整的绩效衡量标准，从而引导中层管理者的努力方向。其突出特点是通过量化标准使中层管理者明确自身目标，实现企业总体目标与个人目标的紧密衔接。预算控制突出过程控制，可在预算执行过程中及时发现问题、纠正偏差，保证目标任务的完成。对中层管理者的业绩评价，除了以预算为核心的财务指标外，还应包括非财务指标，并通过平衡计分卡实现预算与非财务指标的整合。但以预算和平衡计分卡为基础的业绩评价强调的只是结果评价，为强化过程管理和弥补量化指标的局限性，在强调结果评价的同时，还要考虑过程评价和主观业绩评价，而以管理驾驶舱为基础的业绩评价可以满足这一需要。

（三）基层管理控制系统的核心在于效率

管理会计一直把基层称之为成本中心，顾名思义，成本中心需对成本负责，并以成本为考核和奖惩依据。但此处的成本不是完全成本，而是责任成本，即成本中心的可控成本。基层管理控制系统正是以成本责任中心为基础构建的管控机制，主要包括两方面：

1. 构建基层考核指标

在管理上，成本中心属于作业层次，按照精益生产的思想，质量、效率和时间是核心，因此，作业管理强调的是作业的质量、效率和成本。基于此，对成本中心除考核传统的责任成本之外，还应包括质量、效率和时间三方面。质量指标包括质量成本、残次品百分比等；时间指标包括顾客反应时间、生产周期效率等。效率可以利用生产率指标加以计量。

2. 建立业绩报告制度

业绩报告是对各作业中心的作业执行情况的系统概括和总结，有助于控制和调节基层单位的业务活动，保证企业作业目标的实现。基层业绩报告有以下四种形式：

一是基于标准成本法。主要反映成本中心直接材料、直接人工、变动制造费用和固定制造费用的标准发生额、实际发生额、实际成本与标准成本的差异额和差异率，并通过差异分析明确差异原因和责任。

二是基于作业成本。将成本中心实际作业成本与预算成本进行比较，反映成本动因变化、效率变化、资源成本变化引起的差异，也可以通过编制增值和非增值成本报告，评价作业管理的有效性。

三是基于平衡计分卡。除反映责任成本指标的完成情况之外，还反映客户、内部流程、学习与成长等非财务指标的执行结果。

四是基于操作仪表盘。操作仪表盘可以按秒、分钟、小时来捕捉并显示业务进程，帮助基层经理和一线员工监控并优化操作流程；也可以用诊断性度量指标衡量进行中的流程，诊断性指标实际值显著超出预期标准时，系统就会发出预警。

第三节　预算

一、管理会计在预算管理中的应用现状

管理会计（Management Accounting）起源于传统会计领域，其生成时间远短于会计，却在生成之初就成为能够辅助企业管理、帮助企业提高经营利润的会计分支。管理会计起源于 20 世纪初，在第一次世界大战期间被美国企业首先推行，但并未被企业和会计行业内部重视；直到第二次世界大战结束后，国内和国际市场竞争加剧，企业受到市场需求的刺激，不得不通过提高产品质量、降低产品成本、提高生产效率来扩大企业的经营利润，管理会计才得到进一步的重视，被正式命名与会计进行区分。随着改革开放的深入，我国国内市场竞争激烈程度不断加剧，管理会计逐渐成为企业生存和发展的重要途径，可以帮助企业更科学、合理的使用资金和资产，因此自 2013 年起，我国开始大力推行管理会计，且于 2014 年由我国财务部正式发布有关推进管理会计的《指导意见》。

二、管理会计在预算管理中应用存在的问题

（一）管理会计存在局限

管理会计的起源在西方发达国家，更适合于西方国家的经济形势，我国虽然自 2014 年后开始大力推行管理会计，但我国更多的是选用成熟的西方研究成果和管理会计实例，

并未通过研究形成符合我国经济形势的管理会计体系。管理会计在我国应用的局限体现在它在定量分析方面的不完整，这使得管理会计虽然有财政部大力推行，但想要适合于我国企业使用还需要一定的优化和调整。我国市场经济十分具有中国特色，国家政策的倾向对企业的发展十分重要，与政策倾向和市场风向变化对企业的影响相比，管理会计的能量相对较小，还需要进一步发展才能正式在企业发展中占据主动。

（二）管理会计的推动需要占用部分资源

管理会计属于企业内部控制的组成部分，主要负责辅助企业进行经营管理，致力于帮助企业提高经营利润，内部控制的实现不可避免会占用企业经营岗位、人力引进计划、固定资产和资金使用预算，在大型企业中，经营者想要在已经成型的管理体系中加入管理会计将受到较大阻力，阻力更多来源于管理体系，在中小型企业中实现管理会计的阻力更多来自于企业所有人，因为在实施初期必然会占用企业生产经营的部分资源，这使得管理会计的推定和落地有一定的阻力，比较被动。

（三）财务人员的素质影响

制度、政策、决策的落地和执行需要人，管理会计的推行和使用同样需要财务人员的配合，这使得财务部在推行管理会计的过程中，对从事财务管理工作的工作人员提出了无形的、更高的要求，然而我国当前从事财务管理工作的人员持证率远低于合理水平，对管理会计内容、特点有所了解、认识的财务管理人员数量更少，对企业经营发展认识不足，这使得财务人员本身被局限在会计工作之中，无法影响企业管理层的决策，也无法影响到企业经营管理的决策，在很大程度上限制了管理会计的推行和应用。

三、优化管理会计在预算管理中应用的措施

（一）正确认识管理会计

企业发展过程中需要正确认识管理会计，正确认识管理会计的内涵、特点，正确认识并处理管理会计与预算管理、企业内部控制之间的关系，企业的财务管理部门需要从管理会计的角度出发，正确把握财务与企业经营管理之间的协调，一方面避免因企业经营管理过程中追求效益导致财务风险爆发，另一方面避免因为财务风险的限制导致企业经营管理的受限，而是要让财务预算管理会计逐渐融入企业的运营，巧妙利用预算的管理和实施使

企业发展更加科学、规范、合理，并且降低企业的财务风险。

（二）完善预算管理会计制度

1. 科学完善制度

企业在进行财务预算时必须深入剖析企业自身的实际需求和管理会计的特点，贯彻财务部推行的管理会计《指导意见》，为企业建立完整的、多层次的、具体化的财务管理会计制度；企业财务管理部门在运行和执行管理会计制度的过程中需要在遵守国家规定、法律的同时遵守企业内部制定的管理会计制度，使管理会计能够与企业经营管理相融合，使财务预算管理能够为企业的经营管理提供辅助力量；完善的管理会计制度需要准确落实在各工作岗位之上，对企业经营管理和财务管理的各个方向进行细致规定，完善企业在资金使用、资产管理、风险控制、责任划分等多个方面的细节，搭配企业绩效考核制度进行落实和执行，使企业内部管理得到切实的施用，为企业生存和发展发挥出应有的力量。

2. 财政预算一体化

企业想要推行管理会计，必须要实现财政预算一体化。传统企业财务管理工作中对预算的管理分为"收入"、"支出"、"管理"，在管理会计推行过程中，企业需要完成对预算管理的重新规范，根据管理会计的要求重新制定预算制度和标准，将预算管理的范畴扩大并细化，预算管理的范畴扩大是指财务预算管理需要参与企业经营全过程的管理，参与对企业生产经营的全程监督，以便及时解决企业经营管理中出现的各类资金问题；预算管理的细化是指财务管理部门将企业经营过程中可能出现的资金支出、收入问题进行细致划分，例如，预算支出要从人力资源支出细化为基本薪资支出、培训支出、五险一金基数调整额外支出、编制扩充支出，以便于财务管理部门对企业部门动态进行监督管理，将企业预算支出控制在一定范围内，辅助企业内部财务控制的施行。

（三）注重财务风险防范

企业经营过程中必须要重视对于财务风险的防范，避免在资金流动过程中出现资金链断裂等威胁企业生存的情况，因此企业财务管理部门必须明确企业经营过程中的薄弱环节，通过预算管理与经营管理的配合对薄弱环节进行覆盖，最大限度避免资金大量外流、企业账目存在大量应收账款的情况出现；进行企业闲置资金投资时也需要兼顾收益和企业可承受风险，万不可为追求利益而让企业财务出现新的风险，还要通过严格的审核控制投资项目的组合合理性，避免财务管理人员以伤害企业利益的方式获取私利；企业应当坚持现代化财务建设，应用成熟的财务管理系统辅助财务人员工作，一旦出现财务风险可以及时提醒，避免因人为失误导致企业经营管理受阻；企业应当坚持预算编制，针对部门经营过程中的超支情况进行严格审查，对于不必要的支出部分进行阻止，对于必要的支出部分予以支持，并及时采取措施，因为财务管理中的预算编制需要维护和坚持，但不可因坚持预算编制就阻止企业经营发展或坐视威胁企业生存的风险发生。

（四）财务人才培养

财务人才是企业推行管理会计、预算管理的重要基础，因此企业必须重视对财务人才的引入和培养，结合西方发达国家的发展过程和结果，笔者建议企业在发展不同阶段采取不同的人才培养方式，首先在企业发展初期，可以采用持证上岗与岗内培养相结合的方式为企业打造财务人才梯队，为企业发展提供人才助力；企业发展到一定程度后，有实力也有条件进行人才定向培养时，可以采用校企合作的方式，寻找合适的、有实力的高校或职业院校进行人才定向培养，用市场需求引导学校增设管理会计专业课程，企业原有的岗内培养也可以转移一部分课程与学校专业课程合并，为企业节省一部分的培训支出，又可以培养出企业需求的财务管理人员，为企业未来发展提供人才助力。

在内部控制成为决定企业生存和发展重要因素的当代，企业预算管理迎来了全新的发展空间，在管理会计的视角下，防范财政风险、完善资金预算管理、科学资金利用效率成为决定企业进步和发展的重要因素，我国企业必须重视管理会计和预算管理的应用，为企业内部管理提供坚强的资金辅助。

第四节　控制

管理会计的控制理论和方法研究在我国发展还不是很全面，在企业中的应用还存在一定的问题。必须加强对管理会计适用性的研究，大力宣传管理会计的重要性，在管理会计的控制理论和方法的操作上下工夫，使管理会计在企业中的应用能够发挥相应的作用，为管理会计的控制理论和方法在我国企业中的应用营造良好的环境，促进企业的健康快速发展。

一、管理会计的控制理论与方法的现状

（一）管理会计的演进历程及相关研究

西方国家从很早开始就已经开展了对管理会计的研究，管理会计的产生是在十九世纪

初期，当时已经有企业的管理层开始对企业的内部计量方法进行关注。企业除了通过市场销售的数量等相关信息对企业生产效率进行了解，也开始在企业内部通过特定的衡量手段进行考核。企业在原有会计制度的基础上，自主研制出一种全新的成本会计制度，对企业的成本以及内部的各项数据变化进行控制和管理。管理会计的控制理论和技术方法得到了初步的发展，当时比较主要的管理会计技术方法是对现金交易进行汇总，编制完成的成本会计报告，并根据财务信息对企业的营业情况进行统计。

对于企业管理会计的研究也经历了不同的阶段，每个阶段对管理会计研究的侧重点都不相同。最开始对管理会计进行研究时，主要考虑的是对企业成本的确认，管理会计的主要任务就是将企业成本真实准确的反映出来，使用的技术方法专业性极强。之后对于管理会计的研究主要集中在管理会计的实用性方面，要满足企业领导者对会计信息的不同需求，相关成本成为重点，理论和技术方法也在不断丰富。在此基础上，对管理会计的研究重点转换到决策分析上，强调会计信息的真实性和准确性，为企业领导者的决策提供依据。随着信息时代的到来，经济发展中的信息化程度也不断提高，研究重点转向解决多人决策的问题。

（二）管理会计的应用现状

随着社会主义经济的发展，我国经济也进入了比较繁荣的阶段，但对于管理会计的控制理论与方法的相关研究起步较晚，发展还不是很成熟，在推广和应用中存在一定的问题。管理会计还没有形成相应的体系，在应用过程中缺乏相应的经济体制环境，我国在相关方面的法律法规还不是很健全，使得管理会计在应用时的真实性欠缺。管理会计在应用时需要有相应的会计准则进行指导，但是目前还没有相应的会计准则可以与之相配套，使其在理论和实践中无法达到理想的效果。

二、管理会计的控制理论与方法中存在的问题

（一）控制理论与实际存在出入

在管理会计的控制理论与方法中存在着一些会计假设，会计假设是对一些会计领域中的不确定因素进行合理判断的方式，但是在目前的会计假设中，存在与现实情况不相符的现象。面对不断变换的市场经济环境，需要对会计领域中一些暂时无法验证的情况进行合理预测，这种预测并不是没有根据的，而是要具有很强的逻辑性的判断。但是，人的思维

能力毕竟有限，无法十分准确的预知市场和企业的各种变化，这就使得管理会计中的会计假设与企业的实际经营状况存在很大出入。

（二）管理会计方法的操作性较低

管理会计对数据的真实性要求极高，使得管理会计的技术方法比较高级，加上对管理会计的研究中并不重视对会计实务方面的研究，在管理会计的技术方法中引入了大量的高难度的数学模型，这些模型的引入使得管理会计的现实可操作性很低。会计从业人员在对管理会计的方法进行使用时，会觉得这些方法很难理解和掌握，使管理会计的理论和实践的距离不断加大，不利于管理会计的应用和推广。

（三）与企业和市场需求不符

管理会计研究的最终目的是将其应用到实践中去，但是在管理会计的理论和方法体系中，有很多是企业和市场不需要的方法，在企业中无法起到相应的作用。管理会计的技术方法大多是工业企业中应用的，对于金融行业的企业、建筑行业的企业等起不到作用，所得信息是企业决策者所不需要的。管理会计的理论和方法研究中没有与市场发展的实际情况相结合，联系不够紧密，考虑不够全面，使得其在应用的过程中相关性较低。

（四）管理会计的应用情况不力

管理会计在企业发展中的作用十分明显，但很多企业都不重视对管理会计的应用，在推广应用上的力度不够。由于企业领导不够重视，企业在会计信息的整理时很少会用到较难的管理会计方法。企业会计从业人员的素质达不到相应的要求，无法对管理会计的高级方法进行掌握，也不适应这种操作方式，使得管理会计在应用过程中被忽略。企业中缺乏配套的基础设施建设，计算机使用率较低，管理会计在使用中无法发挥相应的作用。

三、强化管理会计控制理论与方法的对策

（一）加强控制理论研究与实际的契合性

加强对管理会计的规范性研究，在进行会计假设时，要充分了解市场行情以及企业的发展状况，将可能发生的变化全面的考虑进去，使其与实际的企业经营活动中发生的情况能够具有最大程度的契合。

（二）提高管理会计方法的可操作性

不但要加强对企业管理会计的规范性研究，也要提高管理会计的控制理论和方法的可操作性，不能只对管理会计进行高深的研究，而是要为实际的操作打下基础。将管理会计的控制理论和方法中的数学计算方法尽量简化，拉近理论与实践操作之间的距离。

（三）满足企业及市场发展需要

加强对管理会计的控制理论和方法的适用性研究，满足不同企业的决策者和市场对于管理会计的需求。对市场动态和企业经营管理需求进行深入的分析，加强管理会计获取信息的真实性和完整性，从不同的层面和角度对不同企业的多个决策人进行需求分析，提高管理会计在企业中的积极作用，为企业的决策者做出正确科学的决策提供充足、准确的信息依据。

（四）提高管理会计在企业应用中的适用性

在企业中成立专门的管理会计研究机构，提高管理会计的控制理论和方法在企业中的适用性，推动管理会计在企业中的大范围应用。提高企业管理者对管理会计的重视，为管理会计的控制理论和方法的应用营造良好的环境，以会计为基础对管理会计进行应用，将会计的信息充分利用在管理会计的整理分析中。

第五节　评价

经济的飞速发展，企业经营规模的不断扩大，对管理会计的要求更加严谨。管理会计是主要利用财务信息深度参与到企业管理决策、制订计划与绩效管理系统、提供财务报告与控制方面的专业知识以及帮助管理者制定并实施组织战略的职业。基于此，管理会计是企业的战略、业务、财务一体化最有效的工具。现如今，管理会计应用效果在各方面都不理想，发展仍不尽如人意，究其原因，其人员素质是非常重要的一个原因。下文将主要以"管理会计与绩效评价"为主要研究对象，展开深入、细致的研究和分析。

一、管理会计与绩效评价概述

（一）管理会计概述

管理会计，也叫分析报告会计。在日常工作中，主要包含两类内容，第一，通过分析、挖掘企业相关数据和信息，从而为新决策的提出发挥着十分重要的作用。具体来讲，就是通过将企业经济方面的信息等相关数据进行反馈，并结合企业业务情况、财务信息等各方面情况，进行深度挖掘，结合实际情况，从而为企业的发展提供重要的依据，使新决策的提出更加契合企业发展的实际状况。第二，依托企业现有的指标，对企业发展的现状展开研究和分析，主要目的是为了深入了解企业在发展的不同阶段，不适宜企业发展的重要部分，依托科学的指标体系，针对问题，提出建议和对策，主要是为企业的发展把握方向，有效规避可能遇见的各种风险，为企业的良好发展奠定坚实的基础。

（二）绩效评价概述

现代企业管理的过程中普遍开始采用绩效评价的方式，不过就是评价体系表现出了某种程度的差异性，但不管采用哪种评价体系，员工绩效在企业的绩效评价系统中是主要指标。在实际操作过程中，通过一定的评价程序，采用恰当的评价方法，对员工进行考核，主要是业绩层面和能力层面的，建议采用定期与非定期相结合的方式，然后根据考核的结果，给予员工对等的酬劳。

二、管理会计中应用绩效评价的必要性

（一）提升管理会计应用效果的需要

在世界主要发达国家，尤其是欧洲、美国和日本等，管理会计的应用非常广泛。而在我国则相对较弱，主要原因是我国管理会计的起步相对较晚，现阶段处于发展时期。应用程度、应用效果均比较低成为管理会计在企业管理和发展中的重要阻碍因素，虽发挥一定作用，但作用并不明显。通过一定的激励政策，使管理会计能够在应用绩效评价中发挥作用，从而使管理会计人员的工作积极性得到提高。同时能够在一定程度上提升业务人员的业务能力，使管理会计的应用效果得到一定增强，扩大影响，提高我国企业对于管理会计的了解程度，为管理会计在我国企业发展和管理中发挥更有效的作用奠定坚实的基础。

（二）提升企业决策正确性

竞争是这个时代最为显著的标志，也正是因为如此，市场环境总是表现出了加大的不确定性。任何企业，无论规模大小，要想求得更好的生存和发展，先进的理念至关重要，然后善于捕捉机会，及时作出决策的调整，赢得更好的发展机会。管理会计的作用在于企

业发展的每个阶段，信息都可以通过企业会计得以表现，然后以此作为重要依据，展开评估和研究，对未来可能的发展趋势进行预测，为企业后续决策的制定提供依据和参考，通过作业成本法、本量利分析法等管理会计工具发挥重要的作用。如果在对会计人员进行管理的实际过程中，以合理的方式引入绩效评价，更加容易实现管理的规范化和标准化，更加利于员工的进步和成长，从而使他们以高度的责任感和主人翁的使命感投入到实际工作中去，管理会计工作的质量和效率都会得到有效改善和提升。

三、管理会计应用中绩效评价系统建设的完善措施

从目前所了解的实际情况来看，现阶段的管理会计在应用中还面临着很多的难题和困境，源于管理人员个体的、外界的影响因素等，对于其效果的发挥都有着极大的制约作用。在这样的现实背景下，在企业管理会计中引入绩效评价体系，利于激励机制的形成，利于绩效评价体系的建立和完善。具体来说，应该从以下几个方面着手努力：

（一）评价指标要进一步完善

要想保证绩效评价在管理会计中能够充分发挥预期的理想作用，前提就是科学引入评价指标，笔者认为，评价指标应该有两部分构成：

第一部分就是与财务相关的指标。对于会计管理人员而言，财务信息本身就有着极为重要的作用和积极意义，因此在进行绩效评价的实际过程中，财务指标是不容忽视的。这一类别的指标主要就是为了对企业的资产情况进行综合性评估，包含有财务的损益表、现金流量表以及资产负债表等。但是，从实际的应用效果来看，存有很大的缺陷，尤其是不够准确，不够客观，也不够全面，所能够展现出来的仅仅局限在企业的经营成果，对于起来未来的发展无法产生科学的评价作用。还有一点就是评价指标相对单一，对于企业会计人员的业绩和综合能力也无法进行准确反映和评价。

现行的财务指标体系中虽然有了很大的改善，但是依然存有缺陷。对于企业的管理人员来说，一定要充分了解企业的发展现状，立足实际，切实做好绩效评价内容的丰富和完善。笔者建议引入"价值增值"这个崭新的指标，主要的原因在于：

首先通过该指标，能够在较短的时间内对经济决策的效果做出评估；其次是这个指标的引入，能够科学显示出在权益市值范围内产生的影响，然后成功预测出企业在未来一段时间可能面临的经营状况。尤其需要注意的是，在对该指标进行计算的时候，不仅仅对于企业发展时期的现金贴现数据要有所了解，更为重要的是要对计划执行初期的市场价值有

所了解。

第二部分指标是非财务类型指标。主要目的就是为了和财务指标一起，旨在保证企业价值衡量的科学性，常用的主要有顾客指标、学习指标、创新指标。当然，指标的选用需要符合企业自身的发展状况，还要进一步做好技术培训和员工培训，强化创新能力。

（二）制定科学的评价制度

在管理会计中要想真正合理应用绩效评价，就要不断对相应指标进行修正和调整，更为关键的是要保证所采用的评价方法要科学、合理。评价结果要想真正公平、客观、准确，在进行评价的制剂过程中，最好是能够引入多种评价方式，可以是个体对自己进行的评价，可以是同行之间的评价，也可以是领导做出的评价。

个体的自我评价，就是自己针对表现作出的评价，主要包括自身的业务能力状况、目标的完成情况等。自我评价利于主体意识的提升，利于个体的自我完善。大量研究表明，个体评价更加强调和突出积极表现，利于员工的进步。同行评价也是一种常见的方式，因为同事之间的交流和沟通相对较多，无论是同一个部门，还是不同的部门之间，通过彼此之间的评价，对员工的表现能够进行全面的评价。最后就是领导做出的评价，结合会计人员的综合表现，给出结果，最终对三种方式的评价结果进行汇总。

（三）采取合适的激励制度

管理会计中绩效评价有着重要的作用，但是只有与之相配套的激励制度才能将其作用充分发挥。为此，笔者建议，要充分了解员工，对于员工的奖励，要依托结果，符合员工的实际要求，如果员工看重物质层面，可以通过薪酬的提升实现；如果注重自我的成长，可以通过职位的提升得以实现。当然，对于综合评价结果不理想的员工，要给予相应的惩罚。

从上文的论述中，我们可以看出来，将绩效评价体系引入到企业的管理会计中，既利于管理会计应用效果的提升，也能更好地满足企业政策准确性提升的实际要求。所以，在进行实际应用的过程中，一定要切实做好绩效评价指标体系的建立和完善，制定科学的评价体系，建立并完善激励制度，这样管理会计的应用效果才能得到改善，作用得到积极发挥，为全面实现企业的快速发展奠定坚实的基础和有力的保障。

第五章 当代会计电算化

第一节 会计电算化的发展

伴随网络时代的到来，全球经济一体化趋势日益加深，中国企业在面临网络化生存的同时，还需面对经济全球化的挑战。置身于国际大市场的企业必须运用科学的理论和方法去改善其经营管理。财务作为企业管理的核心，企业如何站在全球战略的高度去建立一个处于企业管理系统核心的财务系统，是我国会计电算化发展中面临的新课题。

从 1981 年首次出现，到如今"会计电算化"的概念已经有近 30 多年的历史了，然而真正"会计电算化"的快速发展是得益于计算机编程技术的革新发展，这一历程过十多年时间。在这期间，我国的"会计电算化"从最开始的自主尝试发展到如今的商品化阶段。在如今信息化发展时代下，很多企业都开始认识到会计电算化给企业发展带来的益处，也都对会计电算化给予重视。本节从当前我国会计电算化发展的现状着手进行分析，对其未来发展方向分析讨论，以期促进企业更好地利用会计电算化加速企业发展。

随着计算机信息科学技术的发展和广泛应用，各行各业已经被普遍计算机化，会计行业也是。"会计电算化"的概念是在 1981 年 8 月，在长春第一汽车制造厂主办的一次计算机技术如何应用于财务、会计领域的主题研讨会上，由当时的中国人民大学发起的。此后，我国会计电算化正式起步发展并逐步推广应用，当前很多计算机编程的会计软件对于解决各类会计实际问题大有裨益，例如工资核算、固定资产核算、财务报表等业务已经完全取代了手工时代，然而，现阶段我国会计电算化工作发展仍然不够发达，无法满足现在经济发展的需求。由于会计电算化还不能对会计工作进行事前的预测以及财务分析，无法达到企业经营管理者的要求。

一、会计电算化发展的必然性

目前的电算会计是为替代手工记账，从以会计核算对外报告为目的传统会计中产生的，我国会计电算化的弊端主要有以下几个方面：传统的电算会计由于产生的技术背景落后，只能支持局部应用，难以协同企业的财务与业务，无法实现网络化管理，更无法支持电子商务，不能适应网络时代企业管理的需要。目前的会计电算化所依据的基础是中国会计制度，从某种角度讲，正是中国会计制度的特殊性给中国电算化的发展创造了较大空间。然而，中国会计必须走国际化道路，闭封自守不是它应有的特性。一方面，由于传统会计核算强调会计信息的真实性和可靠性，因此计价方法多采用历史成本原则，其软件也只是核算已经发生的历史会计信息，而忽视了前瞻性信息。另一方面，由于技术方面的限制统财务软件无法做到会计信息的实时动态处理，事前的预测并提供前瞻性信息无法实现。在《企业会计准则》中规定我国的会计核算以人民币为计账本位币，企业的生产经营活动一律通过人民币进行核算反映，而企业使用财务软件主要以"甩账"、对有关部门提供相关报告为目的，这就决定了传统财务软件单币种和单语言性。财务软件依旧没有摆脱传统监督会计的束缚，强调的是遵循会计准则，以对外报告为主要目的。在财务、会计与管理不断融合的今天，企业的经营管理者将越来越关注于通过财务软件获取对企业生产经营管理真正有用的信息财务软件不单单是一个核算的工具而已，在功能上应突出管理的作用如企业计划、预算、控制、成本管理、项目管理等，并建立决策支持系统。

二、会计电算化的应用历程

（一）手工记账阶段

会计电算化的应用初期仅仅是进行简单的财务及报表核算。早在 1978 年，在吉林长春就有着简单的会计电算化的工作，但效果并不是太尽如人意，直到 1981 年 8 月，在中国人民大学与长春第一汽车制造厂举办的电子计算机专题研讨会上，正式提出了"会计电算化"后，我国会计电算化才略见雏形，但是此时对于电算化也仅仅是理论研究，没有广泛的信息来源，因此对于企业来说，没有太大的应用价值。

（二）计算机处理阶段

随着计算机计算的发展，人们开始将计算机的软件系统与日常的会计核算进行结合，通过计算机的高储存性以及优越的计算能力，来实现企业与内部各部门之间信息的有效融合，将企业的管理构成一个有机整体，从而建立较为完整的会计核算系统。在计算机处理阶段，会计电算化水平得到了明显的提升，为企业的财务管理提供了诸多的便利以及具有高性能的处理软件。但会计电算化毕竟只是核算的辅助工具，其是无法代替人类进行对企业进行管理的。

（三）融入专业知识

在手工记账阶段以及计算机处理阶段，会计电算化工作的开展是严重缺少会计知识判断的，其录入的信息仅仅依靠人工检查方式来进行判定，因此，引入电算化的企业或单位在会计信息录入工作中，常常会出现因疏忽而产生的信息存在错误但没能及时更正的现象，这在一定程度上会影响企业的发展。伴随着计算机处理阶段不断发展，国内会计电算化的水平显著提升，特别是在 2006 年 2 月，在我国政府颁布《企业会计准则》中指出：不断丰富会计的专业知识，将之有机融入会计电算化之中，并通过与计算机处理系统的结合，促使会计电算化进入更高层次的阶段。这使得我国会计电算化进入新的阶段，也为电算化的进一步发展奠定了坚实的基础。

（四）与更高层次的 ERP 系统管理结合

ERP 系统现代社会运用较多的一种管理系统，其集成化程度较高，能够实现将信息管理化和管理决策融为一体。ERP 主要是应用在信息流管理、物流管理以及财流管理等方面，具有提高企业效益，便捷企业资源管理的优势。因此，会计电算化与 ERP 的结合在现代企业财务管理中应用广泛。

三、会计电算化应用现状

（一）应用推广普遍

随着信息技术的发展，越来越多的企业通过应用计算机来开展会计核算工作，一方面是由于会计电算化有着更大发展潜力，能够更好的适应企业发展的需要，另一方面，会计电算化技术的不断发展，其计算方式的优越性越发突显，因而受到社会各界的认可与关注。同时，会计电算化是当前技术先进且效果极好的一种记账方式，也因此被诸多企业采用，其必然会随着企业的开展，不断完善自身，进而更多的应用于企业。

（二）会计软件开发向着工程化发展

会计电算化系统的运行是建立在计算机系统运用的基础上，因此在其应用中，企业管理人员不仅对软件系统进行了有效的完善，还强化了管理组织制度的建立工作，并以此来保障会计电算化工作的有序开展，以便能够最大程度的发挥信息化工作的优越性，从而保证会计电算化在工作过程中可以更好地满足实际的需求，正因为如此，会计电算化与计算机系统间的联系更加紧密，也更好的满足了用户的需求，总的来说，当前的会计软件开发表现出较为突出的工程化特征。

（三）会计电算化促进企业建立完善的管理信息

就目前国内大部分企业的会计工作来看，在会计运行体系中一般都包含有两类子系统，即会计、会计管理，并且随着时代的不断发展进步，企业在发展自身经济实力的同时，不断完善会计运行体系，以使会计信息的处理活动更加精简化，且努力实现代码化运行，也就是说，现代企业内部，会计运行的两个子系统呈现逐渐趋于融合之势，而这不仅可以满足企业的实际需求，也有利于会计行业的进一步发展。

四、未来会计电算化的应用趋势

（一）信息处理和分析将更加专业化、智能化

随着国家信息化的发展，互联网技术、电子信息技术被广泛使用，这也带动了国内诸行业的发展，企业想要获得长远的发展，必须要适应这一社会趋势，充分实现企业内部的管理信息化，即通过计算机技术、电子通讯技术、互联网技术，将企业研发、生产、销售等环节进行融合进行统一管理，从而提升信息流通的高效性、实时性，最终实现对供应链有效管理的目的，一般来讲，信息的处理除却需要从业人员具备较强的专业分析能力外，还要求其能够熟练的运用计算机以及有着一定的会计电算化实践经验，从而使会计电算化信息分析更加趋于专业化、智能化。

（二）会计软件的标准将更加清晰和成熟

经过多年来的探索与实践，如今的人们对会计电算化的规律已然有了较深的认识，这极大的促进了会计软件开发工作的成熟与发展，正因为如此，会计软件的实用性也得到了显著的提升，中国会计软件自上世纪七、八十年代开始进入高速发展时期，大量具有专业性的会计核算软件应用到会计核算市场，为企业实现会计电算化奠定了坚实的基础。但是，当前中国市场上应用的会计软件一般仅具备核算功能，虽然其通用化程度较高，便于

财会人员学习与使用。但是此类软件功能单一，且基本上模仿的均是手工会计处理的方式、方法，而没有考虑到会计核算的管理供能，因此建立清晰的会计软件标准，进一步提升商品化会计软件的实用性，是会计电算化发展的重要趋势。

（三）重视与会计管理系统的有机结合

为了实现长远发展的目的，现代企业大都建立有两个子系统，并且两者融合的趋势不断加大，这显著提升了会计信息处理的准确性以及便利性。随着经济全球化的发展，互联网以及电子商务对于企业的营销模式产生了极大的影响，传统的会计信息处理方式，缺乏前瞻性以及国际观，已然很难适应国际经济的发展需求，因此，一套公开透明、安全性能高、具备国际观的财务管理模式亟待建立，并且这种崭新的财务模式提出以及实施之后，将会颠覆传统会计观念，不论是在会计理论方面，还是在实务领域都会产生深远的影响，国内既有会计软件的功能将会获得极大的丰富，从而显著的推动我国会计电算化理论的发展，以为中国企业发展提供新的动力，最终实现长远发展的目的。

（四）大范围的信息处理网络将普遍推广和应用

电算化信息处理从形式上看是信息处理手段的变化，实质上却是生产方式的转变，是一种先进的生产力，因而具有广阔的发展前景。随着经济发展及人们对电子技术认识的加深，必将获得普遍推广和应用。同时，随着网络技术的发展，大范围的会计信息处理网络也必将建立。同时，未来会计电算化必将根据岗位制定职责、操作规范，进一步加强会计信息系统的安全性、保密性。

总的来说，会计电算化在国内个领域的应用情况虽并不尽如人意，但是也有着不小的成效。而想要进一步深化利用会计电算化，并缩短与国外发达国家在这方面的差距，我国就需要积极对符合当前市场需求的会计软件进行研究，并加强其在各企业间的推广与使用，企业方面也需要显著提升会计人员的专业素质素质，以确保会计电算化的功能得以充分发挥，从而实现自身的可持续发展。

第二节　实现会计电算化的方法、作用及影响

信息技术的不断发展对各行各业都有或多或少的影响，其对会计工作有重要的影响，突出表现在会计核算由传统的手工到现在实现电算化，并且发展至今很多企业已经形成了

自身的会计信息系统。实际上会计工作对企业的发展是十分重要的，因此正确深入认知会计电算化，重视会计电算化在会计中的重要地位是十分有必要的。本节就主要围绕会计电算化有效实施方法进行简答的阐述，为企业顺利实施会计电算化提供建议。

一、会计电算化有效实施的方法

（一）正确认识会计电算化

通俗来讲，会计电算化就是借助计算机技术来帮助企业做一些会计工作，这样对于很多会计工作就可以实现从手工到电算化的过程，一方面计算机工作可以很好的提高工作效率，减轻会计人员的工作量。另一方面计算机工作还可以提高会计工作的准确率，保证会计工作准确快速的完成。在会计电算化过程中，一些研发会计电算化系统的企业并没有正确的认识会计电算化，因此他们在研发的过程中更多的关注数据而忽略了会计信息，因此设计出的系统只是对各种凭证、单据、报表等进行较好的反映，但是对它们蕴含的会计信息不能则不能很好的反映出来。此外还有以少数企业的领导人并没有真正的意识到会计电算化的重要性，因此在实际的工作中忽略了会计电算化。实际上会计电算化的目标不仅仅是简单的提供一些报表而已，而是考虑企业整体发展的需要，通过一些数据可以反映出更多有用的信息，为企业的管理者的决策提供有力的依据。不管是软件设计公司，还是使用计算机进行会计工作的企业，都应该正确的认识会计电算化，这样才能保证其顺利的实施。因为只有软件设计公司正确的认识会计电算化设计出的会计系统才能更好的为企业提供会计服务。而企业只有正确的认识会计电算化才能将其更好的运用到实际的会计工作中，帮助其更好的进行会计工作的处理，从而大大提高会计工作的效率。因此正确认识会计电算化是其有效实施的基础。

（二）软件公司应该不断研发新的财务软件

要想更好的进行会计电算化，前提就是要不断的加强财务软件的开发，只有研发出符合企业发展的财务软件才能更好的为企业服务。现在的很多财务还存在一定的缺陷，比如有些高级财务人员能够通过后台对相应的数据等进行修改，这样就很容易出现问题。针对这个问题软件公司给出了相应的解决办法：在财务软件中安装了文件修改体系，通俗的说一旦财务软件中有信息被修改了，系统就借助相应的检测软件指出改动的地方，并提醒使用者注意修改部分，这样就可以很好的改善系统被财务人员随意修改的问题。当然在信息技术和企业不断发展过程中，使用会计电算化肯定还会出现一些其他的问题，这就需要相应的财务研发公司根据企业的实际需要和出现的一些问题加强财务软件的修复与研发，这样保证企业更好的实施会计电算化。

（三）建立完善的会计电算化法规

当前国家一些会计法规只是针对手工记账，在电算化方面，相应的会计法规并不是很完善，这样就会使得企业在使用电算化的过程中出现一些违法行为但是却没有相应的会计法规，因此也就逃脱了相应的惩罚，这对会计电算化的顺利实施是十分不利的。此外我们还应该意识到，想要使得会计电算化的研发和使用更加的正规、完善、合法，只是简单地依赖现行的会计法等是不够的，因为电算化犯法不同于传统的会计犯法，它很有可能涉及一些新的犯罪行为，因此国家有必要根据会计电算化的实际使用情况制定相应的法律法规，这样才能规范相应财务人员的行为，保证会计电算化的顺利实施。

（四）健全会计档案管理机制

企业在使用会计电算化过程中，很容易忽略会计档案的管理和保存。因为会计电算化背景下，会计档案的存放形式是光盘或者磁性介质。由于计算机电子存放的一些弊端，企业在进行电子档案存在的时候一定要进行备份，并且要标明档案制作时间以及相应的操作人员的名字，然后分别放在不同的地方。这样一旦出现意外，如果会计档案被损毁就可以启用备份，确保会计工作顺利进行。

（五）依靠审计人员减少电算化的舞弊行为

审计人员可以对企业计算机中的账务进行审计，查出其中存在问题的账目，同时还可以检测出其财务内部控制的有效性行的强弱，指出该企业在财务内部控制方面存在的问题，帮助企业完善财务内部控制，从而减少会计电算化舞弊行为。财务软件研发公司应该考虑到会计内部控制，提前想到可能出现的一些问题如随意修改财务数据、改变财务执行程序等，并提前给出解决方法。企业在使用电算化的时候应该做好岗位的分离，这样尽量的减少财务舞弊行为的出现。

综上所述。会计电算化的有效实施可以大大降低企业会计工作的工作量，提高会计工作的效率，为企业管理者及时提供相应的信息，因此企业一定要采用有效的方法，保证电算化的有效实施。

二、会计电算化的具体作用

（一）提高会计核算结果的水平、质量

随着网络时代的到来，互联网与社会的个个方面都有着密不可分的关系。自然会计行业的会计核算方法也不例外。在如今的会计行业中，会计方法逐步与计算机以及软件相互联合，日趋向会计电算化的方向行进。众所周知，在以往的会计行业当中，大部分所采用的工作合计手段是由会计人员手工完成的。而这种手工核算的方法的弊端在于，工作内容繁杂，操作不便，工作方法难以达到行业的标准。因此，在这种情况下，会计核算与电子计算机联合已经成为了一个必然的趋势。在会计工作中使用与会计核算工作相呼应的电子软件，免除数据错误和财务漏洞的情况发生，有效地减少了人工核算方式对会计核算结果的影响，使之具有科学性和准确性。

（二）现代企业管理的高效率化与信息化

现代企业管理的高效率化与信息化是这个时代的要求。如何实现高效率化与信息化，其中一个方面就在于引领会计行业的核算方式朝电算化的方向发展，也就是意味着要求企业的管理者具有现代信息化管理的意识，才能够促进会计工作的与时具进和合理发展。只有会计工作充分电算化，才能够促进企业的有效发展，在企业的发展过程中，完善企业的管理体制，加强企业在会计工作方面的管理，提高会计体系的科学性和先进性。

（三）提高会计行业从业人员的就业素质

就当前会计行业中从业人员之间的竞争来看，会计人员之间所具备的就业素质还是具有较大的落差，职业能力素养还是良莠不齐。因此，目前，会计市场上急需从业人员在自身的职业素养和职业能力这两个方面作出有效的努力和较大的提升。但是如果需要达到这两个方面的标准，那么就与会计电算化具有紧密的联系。会计人员需要把会计电算化迅速的与自生工作相结合，将其应用到有关的会计核算软件当中去，对于以往会计核算方式进行转型，提高会计工作的工作效率。所以就需要加强会计方面的网络研发，迎合会计电算化的时代潮流。

三、会计电算化对会计工作方法的影响

（一）对会计工作内容的影响

电算化在会计工作当中的应用不仅改变了以往传统的核对工作，而且对于会计的工作效率有了很大的提高。但是，由于会计核算是由人为操作的，所以或多或少会受到人为影响，降低会计工作的准确性。这需要有关部门和相关方面加强对会计核算结果的审查，确立会计审查的规章制度与流程，以此来保证准确性和合理性。

（二）对会计审查监督的影响

会计的审查监督在财务工作中占有非常重要的比重。但是就目前的情况而言，如何对会计工作进行合理有效的审查监督，依然是一个非常棘手的问题。这就需要审计人员有效地掌握会计电算化软件的操作过程，明确会计审查的职责与内容。如此才可以大力推进会计审查监督在会计电算化潮流中的合理发展。

在当今的网络信息化时代，对于会计电算化的普及是具有深刻的时代意义的。这种趋势不仅会对会计核算工作产生巨大的影响，而且还能够给会计行业带来一场巨大的技术革命。具体而言，即是在电算化普及的过程当中，对于以往会计的工作内容和工作方法进行合理的调整，推动会计工作的实践内容进行创新和理论革新。那么长此以往，也能够有效地扩大经济和金融知识的普及面，从侧面推动了计算机网络技术的更新与发展。本节通过以上三个方面，具体得出以下这个结论：基于旧的传统的会计工作方法而进行的改革，能够对会计工作的未来发展起到更好的推动作用。

第三节　会计电算化岗位责任制

一、建立会计电算化岗位责任制的意义

建立、健全会计电算化岗位责任制，一方面可以加强内部牵制，保护资金财产的安全；另一方面，可以提高会计电算化工作效率、质量，充分发挥系统的作用和效益。

二、电算化会计岗位的划分

会计电算化后的工作岗位可分为基本会计岗位和电算化会计岗位。

（一）基本会计岗位

基本会计岗位可分为：会计主管、出纳、会计核算各岗、稽核、会计档案
管理等工作岗位。

（二）电算化会计岗位

电算化会计岗位包括：电算主管、软件操作、审核记账、电算维护、电算审查、数据
分析、档案资料保管、软件开发等岗位。

电算化会计可设立如下岗位：

1. 电算化主管

负责协调计算机及会计软件系统的运行工作，要求具备会计和计算机知识以及相关的
会计电算化组织管理的经验。电算化主管可由会计主管兼任，采用中小型计算机和计算机
网络会计软件的单位，应设立此岗位。

2. 基本会计岗位和电算化会计岗位

可在保证会计数据安全的前提下交叉设置，各岗位人员要保持相对稳定。中小型单位
和使用小规模会计电算化系统的单位，可根据本单位的工作情况，设立一些必要的电算化
岗位，有些岗位可以由一个人担任。

三、会计电算化岗位责任制的基本内容

各单位应根据工作的需要，建立会计电算化岗位责任制，明确每个工作岗位的职责范
围，切实做到事事有人管，人人有专责，办事有要求，工作有检查。

（一）电算主管的责任

（1）负责电算化系统的日常管理工作，监督并保证电算化系统的正常运行，达到合
法、安全、可靠、可审计的要求；在系统发生故障时，应及时组织有关人员尽快恢复系统
的正常运行。

（2）协调电算化系统各类人员之间的工作关系，制定岗位责任与经济责任的考核制

度，负责对电算化系统各类人员的工作质量进行考评，并提出任免意见。

（3）负责计算机输出的账表、凭证等数据的正确性、及时性的检查工作。

（4）建立电算化系统各种资源（硬件资源和软件资源）的调用、修改和更新的审批制度，并监督执行。

（5）完善企业现有管理制度，充分发挥电算化的优势，提出单位会计工作的改进意见。

（二）软件操作员责任制

（1）负责所分管业务的数据输入、数据处理、数据备份和输出会计数据（包括打印输出凭证、账簿、报表）的工作。

（2）严格按照操作程序操作计算机和会计软件。

（3）数据输入操作完毕，应进行自检核对工作，核对无误后交审核记账员复核记账。对审核员提出的会计数据输入错误，应及时修改。

（4）每天操作结束后，应及时做好数据备份并妥善保管。

（5）注意安全保密，各自的操作口令不得随意泄露，定期更换自己的密码。

（6）离开机房前，应执行相应命令退出会计软件。

（7）操作过程中发现问题，应记录故障情况并及时向系统管理员报告。

（8）每次操作软件后，应按照有关规定填写上机记录。

（9）出纳人员应做到日清月结，现金出纳每天都必须将现金日记账的余额与库存现金进行核对一致；银行出纳每月都必须将银行存款账户的余额与银行对账单进行核对一致。

（10）由原始凭证直接录入计算机并打印输出的情况下，记账凭证上应有录入人员的签名或盖章；收付款记账凭证还应由出纳人员签名和盖章。

（三）审核记账员的责任

（1）审核原始凭证的真实性、正确性，对不合规定的原始单据不作为记账凭证依据。

（2）对不真实、不合法、不完整、不规范的凭证退还给各有关人员更正修改后，再进行审核。

（3）对操作员输入的凭证进行审核并及时记账，并打印出有关的账表。

（4）负责凭证的审核工作，包括各类代码的合法性、摘要的规范性、会计科目和会计数据的正确性，以及附件的完整性。

（5）对不符合要求的凭证和输出的账表不予签章确认。

（6）审核记账人员不得兼任出纳工作。

（7）结账前，检查已审核签字的记账凭证是否全部记账。

（四）电算维护员的责任

（1）定期检查电算化系统的软件、硬件的运行情况。

（2）及时对电算化系统运行中软件、硬件的故障进行排除。

（3）负责电算化系统升级、更新版本的调试工作。

（4）会计电算化系统人员变动或会计科目调整时，负责电算化系统的维护。

（5）会计软件不能满足单位需要时，应及时与本单位软件开发人员或商品化会计软件开发、经销单位联系，进行软件功能的改进。

（五）会计档案资料保管员责任制

（1）按会计档案管理有关规定行使职权。

（2）负责本系统各类数据、系统软盘、光盘及各类账表、凭证、资料的存档保管工作。

（3）做好各类数据、资料、凭证的安全保密工作，不得擅自出借。经批准允许借阅的会计资料应认真进行借阅登记。

（4）按规定期限，向各类电算化岗位人员催交各种有关的软盘资料和账表凭证等会计档案资料。

（六）电算审查员责任制

（1）负责监督计算机及会计软件系统的运行，防止利用计算机进行舞弊。

（2）审查电算化系统各类人员的工作岗位的设置是否合理，制定的内部牵制制度是否合理，各类人员是否越权使用软件，防止利用计算机进行舞弊。

（3）发现电算化系统问题或隐患，应及时向会计主管反映，并提出处理意见。

（七）数据分析员责任制

（1）负责对计算机内的会计数据进行分析。

（2）制定适合本单位实际情况的会计数据分析方法、分析模型和分析时间，为企业经营管理及时提供信息。

（3）每日、旬、月、年，都要对企业的各种报表、账簿进行分析，为单位领导提供必要的信息。

（4）企业的重大项目实施前，应通过历史会计数据的分析，为决策提供详实、准确、有根有据的事前预测分析报告；企业的重大项目实施过程中，应通过对有关会计数据的分析，提供项目实施情况（如进度、成本、费用等）分析报告；企业的重大项目实施后，应通过对会计数据的分析，提供项目总结的分析报告。

（5）根据单位领导随时提出的分析要求，及时利用会计数据进行分析，以满足单位经营管理的需要。

（八）软件开发员责任制

（1）负责本单位会计软件的开发和软件维护工作。

（2）按规定的程序实施软件的完善性、适应性和正确性的维护。

（3）软件开发人员不得操作会计软件进行会计业务的处理。

（4）按电算主管的要求，及时完成对本单位会计软件的修改和更新，并建立相关的文档资料。

四、中小企业实行会计电算化后的岗位设置

中小企业实行会计电算化后的电算化会计岗位设置，应该注意满足内部牵制制度的要求，如出纳和记账审核不应是同一人，软件开发人员不能操作软件处理会计业务。较小单位电算化岗位的设立：可由会计主管兼任电算主管和审核记账岗位，由会计人员操作软件任操作员和电算维护员；还应单独设立出纳员岗位。

第四节　会计电算化管理制度

一、计算机硬件、软件、数据管理制度

（一）计算机硬件设备维护管理制度

机房设备安全和计算机正常运行是实行会计电算化的前提条件，计算机硬件设备的维护主要包括以下几点：

（1）保证机房设备安全和计算机正常运转的措施。

1）要经常对硬件设备进行保养、检查，保持机房和设备的整洁，防止意外事故的发生，保证硬件系统正常运行。

2）要定期对计算机场地的安全措施进行检查，如对消防和报警设备、地线和接地、防静电、防雷击、防鼠害、防电磁波等设备和措施进行检查，保证这些措施的有效性。

（2）排除计算机硬件、软件故障、保证会计数据完整的措施。

1）在系统运行过程中，出现硬件故障时，及时进行故障分析，并做好检查记录。

2）在设备更新、扩充修复后，由系统管理员与维护员共同研究决定，并由系统维护人员实施安装和调试。

3）硬件维护工作中，小故障的维护可以通过计算机命令或各种软件工具来解决，一般由本单位的维护人员来做。较大的故障，本单位的技术人员没有能力解决的，一般需要与硬件经销单位联系，协助解决。

（3）使用不间断电源，避免因掉电而破坏会计数据。

（4）防火措施。

机房应该设置必要的防火设备，经常检查其完好性。

（二）软件维护管理制度

软件维护包括会计软件和系统软件的维护。

系统软件是由系统开发商提供的，一般购买计算机时就配备好了，也可以通过购买得到。系统软件不需要修改，维护比较简单。系统软件维护的主要任务是，检查系统文件的完整性，杜绝系统文件被非法删除和修改，保证系统软件的正常运行。

会计软件维护是会计电算化系统维护的主要工作，包括操作与程序维护两方面。会计软件维护主要有以下内容：

（1）确保会计数据和会计核算软件安全保密的措施。

1）应加强日常操作维护工作，如通过操作软件进行索引，删除系统垃圾文件等。

2）系统维护员负责会计软件的维护工作，日常使用软件过程中发现问题，应及时解决排除，否则，将影响正常的会计工作。系统维护员不能排除的障碍，应马上求助于财会软件公司的专职维护人员或本单位的软件开发技术人员，保证系统的正常运行。

3）在软件修改、版本升级和硬件更换过程中，要保证实际会计数据的连续与安全，并由有关人员进行监督。

（2）会计核算软件程序修改权限的审批、监督措施。

1）对正在使用的会计核算软件进行修改、对会计软件进行升级和计算机硬件设备进行更换等工作，要有一定的审批手续。

2）对于使用商品化会计软件的单位，软件的修改、版本升级等程序维护是由软件开发、经销单位负责的，单位的软件维护人员的主要任务是与软件开发销售单位进行联系，及时得到新版会计软件。

3）对于自行开发软件的单位，程序维护则包括正常性维护、完善性维护和适应性维护等内容。正确性维护是指诊断和改正错误的过程；适应性维护是指当单位的会计工作发生变化时，为适应变化了的工作而对软件进行修改；完善性维护是根据需求对已有的功能进行的软件修改活动。自行开发软件的单位一般应配备专职系统维护员进行软件程序维护。

（三）会计数据安全维护管理制度

会计数据的安全维护是为了确保会计数据和会计软件的安全保密，防止对数据和软件的非法修改和删除，包括：

（1）必须经常进行备份工作，以避免意外和人为错误造成数据的丢失，每日必须对计算机内的会计资料在计算机硬盘中进行备份。

（2）需要做备份的内容，是能够完全恢复会计系统正常运行的最少的数据，一般包括系统设置文件、科目代码文件、期初余额文件、凭证、各种账簿、报表及其他核算系统的数据文件。

（3）对磁性介质存放的数据要保存双备份，备份盘应该定期检查复制，保证不丢失数据。

（4）系统维护一般由系统维护员或指定的专人，数据录入员、系统操作员等其他人员不得进行系统维护操作，系统管理员可进行操作维护但不能执行程序维护。

（5）在软件修改、升级和硬件更换过程中，要制定保证实际会计数据的连续和安全的工作程序。

（6）健全防治计算机病毒措施，及时预防、检测、清除计算机病毒。计算机病毒的存在是会计信息系统正常运行的隐患，它能够破坏会计软件和会计数据，因此应该避免使用来历不明的软件和各种非法拷贝的软件，不在财务专用计算机上玩游戏，防止计算机病毒的感染与传入，使用防病毒卡的应该及时更换新版本。

（7）制定会计电算化系统发生意外事故时的会计数据维护的制度，以解决因发生意外事故而使数据混乱或丢失的问题。

实现会计电算化的单位，必须健全计算机硬件出现故障进行排除的管理措施，以保证会计数据的完整性。

二、计算机操作管理制度

计算机操作管理制度的主要内容：

（1）明确规定上机操作人员对会计软件的操作内容和权限。操作员对密码要严格管理、定期更换。

密码是限制操作权限、检查操作人员身份的一道防线，管理每个操作人员的密码，对整个系统的安全至关重要。

（2）防止非指定人员进入计算机房操作计算机，杜绝未经授权人员操作会计软件，防止操作人员越权使用软件的措施。

（3）按软件的操作功能和会计业务处理流程操作软件，会计人员要按规定录入原始数据的各种代码、审核凭证、记账、执行各功能模块、输出各类信息等。

（4）预防已输入计算机的原始凭证和记账凭证等会计数据未经审核而登记机内账簿的措施。

（5）操作人员离开机房前，应执行相应的命令退出会计软件，否则密码的防线就失去了作用，会给无关人员操作软件留下机会。

（6）计算机程序的上机操作日志，记录操作人、操作时间、操作内容、故障情况等内容，其他操作记录由专人保管。

（7）及时备份是保证会计数据的安全、完整的措施。

（8）防止计算机病毒的措施。

三、会计业务程序管理制度

（1）要按照现行会计制度及《会计基础工作规范》的要求处理会计业务。

（2）预防已输入计算机的原始凭证和记账凭证等会计数据未经审核而登记机内账簿，保证会计数据正确合法。

（3）会计凭证制证、审核应分别由两个人完成。

（4）电算化条件下发现错误的更正方法。

1）记账凭证未经审核并尚未记账前，发现凭证有错误，可以直接修改。

2）记账凭证已经审核，但尚未记账前，发现凭证有错误，应退给审核人员，重新确认有误后交原制证人进行修改。

3）记账凭证已经审核，并已登记机内账簿后发现错误，不能直接修改，应采用红字（可用负数表示）冲销法予以更正。即填制一张与错误凭证内容、金额相同，只是金额为红字（用负数表示）的记账凭证，予以冲销，然后再填制一张正确的凭证。

4）电算化条件下不允许在计算机打印输出的凭证、账簿上划线修改错误。

（5）替代手工记账后，各单位应做到当天发生的业务，当天登记入账，现金和银行存款日记账应日清月结。

（6）要保证会计凭证的连续编号。

（7）要按规定程序编制转账凭证。

（8）期末要按规定时间及时结账。

结账前应检查、确认本期全部凭证是否已登记机内账簿。

（9）期末应及时生成和打印输出会计报表。

（10）在保证凭证、账簿清晰的条件下，计算机打印输出的凭证、账簿中表格线可适当减少。

（11）在当期所有记账凭证数据和明细分类账数据都存储在计算机内、总分类账可以从这些数据中产生的情况下，才可以用"总分类账户本期发生额及余额对照表"替代当期总分类账。

（12）要按有关规定装订会计原始凭证、记账凭证、账簿、报表等。

（13）要灵活运用计算机对数据进行综合分析，定期或不定期地向单位领导报告主要财务指标和分析结果。

四、电算化会计档案管理制度

（一）电算化会计档案的内容

电算化会计档案，包括存储在计算机中的会计数据、以磁性介质或光盘存储的会计数据、计算机打印输出的书面形式的会计数据、会计软件源程序及有关资料。

商品化会计软件、定点开发会计软件、商品化与定点开发相结合会计软件的全套文档以及会计软件程序，视同会计档案保管，保管期限为截止到该软件停止使用或重大更改之后的 5 年。

（二）会计账簿、报表的生成与管理

（1）现金日记账和银行存款日记账要求每天登记，业务量大的单位应打印输出，做到

日清月结。

现金日记账和银行存款日记账的打印，由于受到打印机条件的限制，可采用计算机打印输出的活页账页装订成册，每天业务较少、不能满页打印的，也可按旬打印输出。

（2）一般账簿可以根据实际情况和工作需要按月或按季，按年打印；发生业务少的账簿，可以满页打印。

（3）在所有记账凭证数据和明细分类账数据都存储在计算机内的情况下，总分类账可用"总分类账本期发生额及余额对照表"替代。

（4）在保证凭证、账簿清晰的条件下，计算机打印输出的凭证、账簿中表格线可适当减少。

（5）由原始凭证直接录入计算机并打印输出记账凭证的情况下，记账凭证上应有录入人员、稽核人员、会计主管人员的签名或盖章。收付款记账凭证还应由出纳人员签名和盖章。打印生成的记账凭证，应按《会计档案管理办法》的有关规定立卷归档保管。

（6）计算机与手工并行工作期间，可以保存手工记账凭证，也可以用计算机打印输出的记账凭证替代手工填制的记账凭证，并根据有关规定进行审核、装订成册，加盖骑缝章，作为会计档案保存。

（7）记账凭证、总分类账、现金日记账和银行存款日记账，还要按照有关税务、审计等管理部门的要求，及时打印输出有关账簿、报表。

（8）采用磁带、磁盘、光盘、微缩胶片等介质存储会计账簿、报表，作为会计档案保存的单位，如果不再定期打印输出会计账簿，必须征得同级财政部门的同意。

（9）各单位每年形成的会计档案，都应由会计部门按照归档的要求，负责整理立卷、装订成册。账簿应有封皮、封底和启用一览表。打印的凭证、账、表不允许有手工更改的数字。

当年会计档案，在会计年度终了后，可暂由本单位会计部门保管 1 年。期满后，原则上应由会计部门编造清册移交本单位档案部门保管。

（10）各单位保存的会计档案，向外单位提供利用时，档案原件原则上不得外借，调查会计档案应有审批借阅手续。

（11）各单位对会计档案必须进行科学管理，做到妥善保管、存放有序、查找方便。

（三）会计档案安全、保密措施

（1）对存档的会计资料要检查记账凭证上录入人员、稽核人员、会计主管人员的签名或盖章，收付款记账凭证还应由出纳人员签名和盖章。

（2）对电算化会计档案管理要做好防磁、防火、防潮、防尘、防盗、防虫蛀、防霉烂和防鼠咬等工作，重要会计档案应准备双份，存放在两个不同的地点，最好存放在两个不同的建筑物内。

（3）采用磁性介质保存会计档案，要定期进行检查，定期进行复制，防止由于磁性介质损坏，而使会计档案丢失。

（4）大中型企业应采用磁带、光盘、微缩胶片等介质存储会计数据，尽量少采用软盘存储会计数据。

（5）存有会计信息的磁性介质及其他介质，在未打印成书面形式输出之前，应妥善保管并留有副本。

（6）严格执行安全和保密制度，会计档案不得随意堆放，严防毁损、散失和泄密。

（7）各种会计资料包括打印出来的会计资料以及存储会计资料的软盘、硬盘、计算机设备、光盘、微缩胶片等，未经单位领导同意，不得外借和拿出单位。

（8）经领导同意的借阅会计资料，应该履行相应的借阅手续，经手人必须签字记录。存放在磁性介质上的会计资料借阅归还时，还应该认真检查病毒，防止感染病毒。

（9）会计档案应该由专人负责保管。

（10）对违反会计档案管理制度的，应该进行检查纠正，情节严重的，应当报告本单位领导或财政、审计机关严肃处理。

第六章　当代会计管理的理论研究

第一节　会计管理的现状

科学合理的会计管理体系可以有效促进企业的有序开展，也是提升市场经济稳步发展的前提，针对当前经济的现状，使我国会计管理工作仍存在着一定的问题，想要解决这些问题，就要对其进行控制管理。基于此，文章先对会计管理的意义进行了阐述，然后对其现状进行了分析，并结合会计管理工作中出现的问题，提出了有效的控制措施。

随着经济的快速发展，企业获得更多的经济交流机会，同时，也对风险承担的越来越多。在实际进行工作的过程中，由于会计对企业的发展产生直接的影响，因此，对会计管理工作进行优化，有利于提升企业的稳定发展。

一、会计管理的意义

一个企业能不能获得长足的发展与会计管理工作息息相关，而合理的会计管理模式能够减少投资成本，增加利润。会计部门定期将会计信息提供给管理者，对企业领导做出决策非常有利。而在企业管理活动中，会计是一项基础工作，它在企业中发挥着极其重要的作用，如果没有引导管理者的高度重视，就会阻碍会计职能的发挥。另外，也会影响到企业的发展。结合会计信息，对企业发展方面进行明确，有利于企业制定切实可行的计划。会计工作在一定程度上影响着企业的发展，因此，要对企业资源进行合理的配置，通过较少的资金，获得更多的利润，使企业占据市场优势。会计工作在企业发展中具有非常重要的意义，所以，管理者要更规范的对会计工作进行管理，并对经营情况进行及时的反映，降低成本，从而提高企业管理水平。

我国国有资产流失非常普遍，也呈现出了增加的态势，而在会计管理中，不严格的监督管理是产生这一现象的原因之一。会计管理指的是在经济体制下，对各企业会计事物管理与组织的方式。在经济体制下，会计管理工作要与其发展的需求相适应。从调查分析中可以知道，目前，我国只会计管理与经济体制相适应的调整比例还是比较低的。从这个调查中可以知道，我国会计管理工作的改革还是比较滞后的，也无法达到新经济体制发展的需求，甚至对经济的进一步发展带来了一定的阻碍，具体情况从以下方面进行分析。首先，在组织方面分析，会计管理主体与所要管理的对象出现了脱离的现状，而且联系的不密切。由于会计管理的主体是财政部门，而管理对象是各级会计工作人员，从归属方面分析，财政部门与从业的会计人员不是同一个主体，因此，出现脱离现状，使得财政部门无法将会计管理的任务进行分布，也无法有效的进行考察。其次，在利益约束方面分析，财政部门与从业的会计工作人员之间也是处于分离的一个现状，财政部门的利益是国家政府层面，而会计工作人员的利益与所从事的企事业单位的经营情况有着一定的关联。据调查分析，会计工作人员在对维护国家利益与所从事单位利益方面，更加倾斜于所服务的单位。这样便会导致偷税、漏税现象的发生，并对国家的利益造成了一定的损害，进而使国有资源出现大量流失的违法行为出现，使国家的宏观会计目标难以实现。最后，由于没有一套完善的会计管理方法，进而导致会计管理工作出现混乱的局面。当前，我国会计人业人员的数量是非常多的，但是，在综合素质方面分析，存在着一定的问题，所以，需要提高会计从业人员的培训及其教育工作，而当前，通过有限的财务对于会计运行和会计工作人员进行管理，所得到的效果是非常差的，并导致管理工作低下，会计信息出现失真、混乱的现象。

二、存在的问题分析

（一）信息出现失真的现象

会计信息的可靠性能够使政府与企业更好的决策，但是，如果会计信息出现了失真、混乱的局面，给国家宏观调控的制定带来一定的误导，并影响到国家的利益，另外，给领导者决策带来了一定的影响，反而为贪污的人带来了一定的可趁机会。

（二）会计管理意识薄弱

大多数领导不重视会计管理工作，会计管理对企业的重要作用也没有充分意识到。在控制机制上，还存在着一定的薄弱现象，有的企业管理混乱，而且没有制定一套切实可行的监督审核程序，进而导致不能真正的落实。有的基层领导为了将任务尽快的完成，往往忽略了会计管理工作。比如，没有对会计科目进行认真核算，导致乱用现象。有的为了获得不当收入，私自建立小账本，对报表弄虚作假，由于会计管理制度的不严格，造成这些现象的出现，还会给经营带来一定的阻碍，影响到企业的有序运行。

（三）会计法规缺乏一定的执法力度

伴随着经济的迅速发展，会计工作变得规范了很多，国家也出台了一系列法规，应对无法可依的会计现状，但是，国家没有出台一套严密的法规，一些关键的细则没有及时制定，因此，对于会计法规的建立已无法跟上会计改革的需求，在会计工作中，缺乏具体的指导细节。而通过研究发现，存在着很多的违法现象，其手段也较为明显，而有的行为通过监管部门监督，是能够避免的。立法不到位，执法不严格，造成了一些不良行为的出现，同时，也影响到国家的利益，也给企业的经济效益造成一定的损失。

（四）监督机制不到位

在会计管理工作中，不管是企业外部还是内部，都会出现一系列的监督问题，在企业内部财务方面的工作大都是员工内审，而人事与薪酬方面是由管理者掌控，所以，内部监督只是形式主义，没有真正发挥出它的作用。而外部监督的注册会计由于在素质、职业道德等方面与实际存在一定的不符，加之恶性竞争现象的存在，使其在报表审计的时候，往往流于形式。

（五）会计人员整体素质有待提升

在我国，由于会计人员整体素质比较低，业务水平也不高，对会计信息掌握的程度不高，极易产生很多错误，也会影响到会计管理制度的推行。有的企业为了降低支出，聘请兼职会计人员，导致企业在决策的时候，缺乏一定的合理性，在核算的过程中，也只是走个过场，以报表应付，进而阻碍了会计工作作用的发挥。

三、会计管理的控制措施

（一）结合信息化形式进行管理

在对会计工作进行管理的时候，设计一个数据库，实现会计信息的网络化管理，通过分类储存的方式，可以有效节约查找、补录等的时间，进而大大提升工作效率，提高了会计工作的质量。

（二）健全企业内部监管体系

在企业内部，要提高内部监督管理的方式，会计工作不仅仅是会计部门的工作，更是企业经济发展的关键，因此，建立一套切实可行的监督管理体系，有利于提升会计管理质量，深化改革。在适当的时候，还可以通过第三方机构的引入，对会计管理工作进行监管，从而达到理想的效果。

（三）监督机制的改革

在会计管理工作中，政府要以适当的立法作为基础，而会计管理以会计团体进行管理的模式，可以把会计事物交由团体进行管理，这样政府就可以专注于立法管理方面，在法律法规方面进行建设，保证其可以有法可依，从而提升政府对会计工作的管理效率。

（四）提供会计从业人员的整体素质

在管理工作中，先以职业道德培训为主，一方面强化培训力度，进而大大提升从业人员的专业水平和综合素养，另外一方面还要对其进行监督，对会计现状进行分析，并全面做好审核管理，发现问题及时整改，从而更好的促进企业会计工作的开展。

（五）会计制度的建立

一套完善的会计制度，可以对会计部门所要承担的责任进行明确，并责任到个人，保障会计管理工作的有序开展。而管理人员要具有责任心，发现问题进行整改。并以《会计法》作为立法依据，与企业内部的制度有机的结合起来，从而实现会计工作的规范化管理。还要与其他管理部门配合，以企业经济发展为目标，对会计制度不断进行优化，从而降低问题的出现，进而推动企业的健康发展。

（六）会计工作人员业务能力的提高

近年来，随着各项技术的发展，会计工作人员的业务能力也要不断提升，才能适应社会发展的需求，企业要不定期对工作人员进行会计业务的培训，并通过引入别的单位的优秀会计人员，对其进行培训，此外，还要鼓励会计工作人员对理论知识与业务能力进行学习，从而更好的为企业的发展做出应有的贡献。

综上所述，随着市场经济的快速发展，在企业管理工作中，会计管理的地位越来重要，企业的管理人员需充分认识到会计管理的意义，针对存在的会计问题，采取切实可行的会计管理控制措施，从而推动企业健康有序的发展。

四、会计管理与社会经济环境的联系

（一）社会经济环境对会计管理的影响

影响会计管理的发展的因素有很多，例如，经济、政治、社会和教育等等。首先，对经济来说，一个国家的会计管理发展与该国家的经济情况有很大的联系，比如，一个是以农业生产为主的国家，一个是以工业生产为主的国家，他们的会计处理方法和关注的侧重点就不相同。第二，国家的政治形式、政策或者思想层面对会计管理也有很大的影响，不论是东方国家还是西方国家，每一个国家都有自己国家的会计管理模式，他们之间都存在着一定的差异。第三，社会的发展情况也是一个不可避免的因素，社会文化、社会风气等都对会计管理产生巨大的社会影响，比如，财务人员的性格是保守型，那么他在做评估时就不能正常的发挥出自己的知识，而将会造成低估资产价值或者高估坏账准备等事件，而这些将会直接影响到作为一名会计准确地判断。第四，接受足够的教育更是对会计管理有很大的关系，一名合格的会计，必须具备将大量数字整合成自己所需要的，并加以自己的表达，随着时代的发展、社会的进步、科技的兴起，社会越来越高的要求会计可以更好地运用会计处理的专业知识，如果会计人员的水平不够，不足以撑起一名会计的职责，那么将会影响会计在社会上的发展。

（二）会计管理对国家经济社会发展的作用

虽然说影响会计管理的发展的因素有很多，但是，我国的发展可以说是日新月异，其中经济的发展最为迅速，毋庸置疑，会计行业在当今社会发挥着越来越重要的作用。对国家来说，会计管理为国家的经济决策提供了重要且准确的会计信息，可以更好地对资源的分配和资源利用率进行判断，促进了国家的供给与需求之间的平衡关系，更加有利于了国家的一直提倡的可持续发展战略。对于企业来说，企业决策者、高管可以依据会计人员为他们所提供的会计信息，及时的判断出最有利于公司发展的方案，来促进企业可以更好地发展，为企业提供了明确的方向。

五、会计管理思想的转变

（一）会计管理动态化思想的产生

现在社会，不断发展的社会经济促使了各企业的结构组织变得逐渐完善，等级也越来越清晰分明，各个部门的职能也变得越来越明确并逐渐分离，但这就更加要求了企业各部门对计算机信息化知识的掌握，这样才可能加快企业中各种信息的传达速率，与此同时，企业也必须得随着社会经济环境的变化而做出相应的应对。会计管理在企业中占着很重要的地位，它是决策者做决策的基础与依据，会计管理人员通过对企业以及现在社会时事的分析，不停地为企业提供数据，建立起会计管理动态化思想。

（二）会计管理整体性思想的改变

面对着经济的持续发展，企业之间的竞争越来越激烈，在这种情况下，企业的整体性作用就凸现出来，现在社会，企业中有很大一部分是以集体化方式运行的，而每个企业集团下都存在着或多或少的子公司，但是，以这种方式经营不可避免会遇到一些问题，譬如子公司与总公司联系过于少，导致总公司不了解子公司实时情况，这就要求了企业在管理上要将思想整体化。会计管理是企业管理的核心，会计管理的好坏直接导致企业未来发展情况的好坏，所以，整体性思想必须要建立在会计管理的基础上，只有这样，才能加强企业内部的沟通联系，减少因为缺乏沟通二带来的经济损失。

六、会计管理的未来发展趋势

随着网络时代的兴起，越来越多的网络企业、虚拟公司等依托于网络平台迅速发展起来，这就对实体企业造成了很大的压力，但是网络企业一般具有临时性，企业的持续时间并不是很长，所以也并不适合像实体企业一样的会计管理模式，另外，现在时代变化非常迅速，这也导致了企业与企业之间的竞争越来越激烈，企业面对层出不穷的问题和竞争对手，需要当断即断的决策力和执行力，这间接造成了会计分期假设的失效。随着我国大数据时代的到来，科学技术的应用深入到各个领域中。我们也要提高自身综合素养和专业水平，会计基本假设的界定有待被重新审视。

七、会计管理发展中未解决的问题

现在社会，会计管理随着时代的变化而不断变化，但还存在着一些问题，会阻碍会计管理的发展，例如，会计软件还未得到充分的开发和利用。企业规模的扩大后，子公司、跨国公司运营而生，但是现有的会计软件还无法满足他们的需要，企业经济的重心也随之职员们知识层面的提高与创新能力的上升发生了变化，这就说明我们必须进行创新改革，将会计管理跟上时代的步伐，适应时代的需求。首先，进一步开发和利用会计软件。其次，建立一个符合知识经济时代特征的会计模式，或是扩大，或是缩小，或是重新组合，使主体有了可变的性质，对其他企业的失误之处，始终秉持"有则改之，无则加勉"的态度，纵观当前的经济市场，无形资产在企业中的地位日益增加，包括版权、专利权、商标权等，都是以知识为基础。最后，我们应该提高会计信息披露的真实性，提高会计信息披露的质量。

会计行业中财务会计管理部门关键的组成部分，也有越来越多的人重视财务会计管理，这就说明，财务会计人员只拥有高能力、高水平是远远不够的，还要随着社会的进步，经济的发展，改变传统的会计管理模式，探索出一条适合现在社会，更加先进，更加国际化的管理模式道路，这样才能为会计行业做出正确引导，是会计行业能更好地为企业、为社会、为国家服务。

第二节　会计管理质量控制

随着国内市场经济的不断完善和发展，企业在面临极大发展机遇的同时也面临着很多的挑战。会计管理作为企业内外调控的重要手段，对企业的财务收入以及人事调动起着举足轻重的作用。而目前会计管理的质量并不高，一旦在某一环节出现问题，必然会对企业产生严重的影响。本节将从如何提高企业会计管理的质量出发，分析其控制策略，以期给企业和社会带来更好的经济效益。

对于企业来说，提高会计管理的质量不仅仅能够提升企业管理的时效性，同时也是保障企业未来可持续发展的重要前提。这是因为会计管理的质量直接关系到企业的盈利等，会计管理如果出现偏差，那么很可能导致企业的资金链受到阻碍。党的十九大对会计管理工作的要求作了进一步规范，然而从目前的情况来看，还是有很多企业在这方面出现了各种问题。

从现今的企业会计管理工作来看，大部分会计管理人士对会计管理工作的认知并不到位，没有真正理解到会计管理的重要性。对于企业而言，会计管理工作对企业的资金和产品流动有着直接的影响。企业通过会计管理能够控制住内部的产品生产及外部运营，从而在市场中获取最大的经济利益。然而部分企业没有真正落实好会计管理工作，过多的将注意力放在了生产工作上，使得会计管理人员缺乏一定的职业素质和管理规范，会计管理的质量日益下降，难以发挥调控作用。与此同时，企业的成本控制及核算工作的开展都离不开会计管理的支撑，会计管理制度的不完善导致企业的生产效率和经济效益受到不约而同的影响。除了对会计管理工作的认识不清外，部分管理者对法律法规的认识不足也是造成相关人士追名逐利而忽视法律法规的重要问题。如果企业及会计管理人员不对这些问题加以认识和处理，那么势必对整个行业和市场经济造成巨大的冲击，影响它们的协调发展。

另外，会计管理质量的下降最大原因是监管制度的缺乏。现今很多企业虽然在内部设置了监管机构，却常常出现监管不严，财务报表造假的情况，这些都是因为会计管理工作并没有得到严密地监控，使得这一系列严重问题发生。

不断完善会计管理制度及规范。明确会计管理质量控制的重要性是实现企业进行会计管理工作转型的重要前提。企业要想提高内部的会计管理质量，首先就要确保本部会计管理工作的制度和规范得到明确的规定和解释，这样才能增大企业与会计管理工作的弹性，以便会计管理与企业生产更快速地结合起来。另外，企业管理人员要利用一切可利用资源扩大信息量，增加会计管理工作的科学性和时效性。对于财务报表，要求透明、完整、真实可靠，要能够显示出与企业财务及其他非财务信息，比如企业内部管理层对会计管理人员的调动及职业培训、企业外部的经营业绩、企业的发展背景等。不管是企业管理层还是会计管理工作人员都要提高对会计管理工作的认知，认识到其对企业发展的重要性。企业管理者要强化对会计管理人员的职业训练，完善相关管理制度，确保会计管理工作的顺利开展，提高会计管理的质量。专业人士还要加强对国家相关法律法规的认识和学习，不断地提高自身的法律意识，在合理合法的条件下进行会计管理工作，这样才能让企业更快地走向市场、走向国际。

建立明确的监督系统及产权制度。企业应建立符合我国国情的会计管理监督系统，这是保证产权，提高会计管理质量的关键。企业管理者要明确自身与市场的经济关系，积极鼓励会计管理人员实现创新管理，自主选择统筹方式和规范组合形式，让会计管理工作在受到国家约束的情况下，使资源配置和管理效率得到最大限度地发挥，从根本上提高会计管理的质量。企业要通过产权制度的规范作用来规避徇私舞弊的行为发生，以提高自身的经济效益。与此同时，企业要引入考核竞争机制，通过业绩考核来约束管理人员，提高他们的职业道德素质，使他们能够自觉维护企业利益，自觉承担起职责，以保证会计管理的真实性。

加强会计管理队伍的建设。要想提高会计管理的质量，那么就必须提高相关工作人员的职业素质。首先，企业要定期给管理人员开展培训会，更多地学习现代会计管理理论和方法，提高会计管理的工作效率。其次，会计管理人员要认真学习国家的法律法规，提高对优惠政策的认识和利用。最后，企业要重视对管理人员的职业道德素质的培养，加强宣传教育，杜绝违法乱纪的问题出现，这样才能让会计管理工作得到更好的发展。

综上所述，企业要想提高会计管理质量的控制效率，就要切实落实会计管理工作的开展进度，加强制度建设，提高管理工作的时效性。企业管理层和会计管理人员要提高对会计管理质量的认知，在内部建立合法的监管体系，开设会计管理的培训大会，提高相关管理人员的职业素质，让企业更好地适应现代化市场经济的发展，扩大经济效益。

第三节　科技革命与会计管理

科技的发展是世界关注的问题，它与我们生活息息相关，科技的进步推动社会的发展，科技的革命也使我们的生活不断发生变化。在市场经济的新时代，对一个企业的经济运作能够起到宏观调控的重要职位就是会计，它在企业的中起到不可或缺的地位。科技革命与会计管理风马牛不相及的两者有什么关系是本节探究的重点。

一、科技革命与会计管理范式创新的涵义

科技革命是指科学和技术发生着质的变化，从近现代来看已经出现过 5 次科技革命，每一次科技革命都给人们的生活带来的翻天覆地的变化。而会计是随之经济发展产生的词语，企业的产生和发展都离不开会计职位，随着社会不断的发展原始会计管理必须审时度势，不断创新，来适应经济市场的变化。

提到科技革命与会计管理范式创新我们都不会把这两个词语联系在一起，更不会想到两者之间有什么样的关系，其实两者是有一定联系的。科技革命会促进社会的发展，人们生活水平的提高，与此同时生产资料和劳动力也会有所改变，这样会直接促使经济的飞速发展。社会经济的发展会使企业中的会计职位受到影响，企业中传统的会计管理已经不能适应经济社会的发展，然而会计行业在企业中起到举足轻重的作用，因此只能不断的改进会计管理范式，使它紧跟着时代的步伐。

二、科技革命与会计管理范式创新的发展史

在原始社会时期没有会计这一职务，但据考古学家记载，在原始社会人们为了记录狩猎的数量采取了在绳子上打结的方式，每一次收获猎物就会在绳子上打一个结，大的猎物就打一个大结，小的猎物就打一个小结，用来计算自己的劳动收获。慢慢到了奴隶社会，创设了司会的职务，用来记录和管理国家的钱财、粮食，会计的雏形就是这样产生的。到了秦朝，秦始皇统一了货币，"会计"这一职务有了更细的划分，形成了自上而下的会计

机构，负责管理国家财务的保管、收支的称为治粟内史；负责皇室财务的保管、收支的称为少府；负责国家政治、经济的称为御史中丞；负责掌管国家图书、档案的称为待御史四个职务。一直到了近代社会，才真正出现了"会计"职务，随着科技革命会计管理也在不断的创新，适应市场经济的发展和需求。

三、科技革命推动会计管理范式不断创新

科技革命推动了会计管理范式的不断创新，可以总结为第四次变革：第一次的科技革命改变了簿记（单纯记账、算账，没有会计的理论支撑）向传统会计的变化；第二次科技革命使传统会计有了一定的变化，逐渐适应社会的发展；第三次科技革命促使会计理论的形成，使会计行业有了理论的支撑；第四次科技革命使我国传统的会计行业慢慢步入国际轨道，与国际市场接轨，会计管理范式国际化。每一次的科技革命都对会计管理行业产生影响，促使会计管理有了质的改变。

会计假设虚拟化。第四次科技革命使我国传统的会计行业与国际市场接轨，会计管理范式国际化。首先表现就会计假设虚拟化，会计管理的范围越来越大，已经无法界定它的管理范围。原始会计管理是对货币、财务等进行直接的实物管理，而现代的信息社会都是虚拟的数字管理，而不是看的找摸得着的实物。会计对企业的管理也不再是进出帐的记录，更多的涉及到企业并购、管理融资等等环节。

会计程序的创新。原始的会计程序是簿记，会计人员在记账本上记录企业总账、进账、出账等企业日常账务，或者用消费凭证、记账凭证等。这种原始的会计记账程序繁琐，已经逐渐被新的会计程序所代替，现在企业中多是运用数据库的形式，把企业的总账、进账、出账等输入到驱动程序中，这样需要查账时只需要进入数据库，查阅、调出数据即可。需要获得不同的数据，只需要运用相对应的程序，这样的会计程序迎合市场的需要，省时省力、准确高效。

会计确认与计量的创新。传统的会计确认与计量方式是现金制，这种制度与现代经济的发展不相匹配，现金制必须要有交付的过程，有一定得局限性。这时需要制定一种能够及时反映企业盈利和亏损状况的制度，体现企业现在所具有的市场偿付能力和突发情况的应变能力，为使用者提供相对准确客观的企业现况信息，从而帮助管理者做出及时有效的决策。

会计规范的创新。现在的市场经济是全球一体化的，因此我国会计规范也要与国际并轨、与全球统一，形成一种国际通用的会计规范准则。当然这种准则是根据国际会计标准

来制定的，不同国家、不同企业也有自身的特点，国际上允许各个国家依据国际准则的基础上制定适合自己的会计规范准则。在这背景下可以确保会计信息更加真实、更加可信，便于理解、查阅。

四、会计管理范式的创新促进科技进一步发展

科技革命与会计管理二者是互相作用的，科技革命使会计管理不断创新，同样会计管理范式创新也反映市场经济状况，会计管理的变化是顺应市场的发展，与市场经济的需求同步的，会计管理的创新能够直接反映出市场经济的发展状况。其二，会计管理范式创新推动科技不断发展。有需求就会有发展，任何科技的变革都是为了满足人们的需求，市场经济在进步，企业也会不断发展来顺应社会，与此同时企业对会计管理就会提出新的需求，这样就需要科技不断变革、推陈出新，因此会计惯例范式创新也推动了科技的发展。

总之，科技革命与会计管理是相辅相成的，科技革命促进了会计假设虚拟化、会计程序的创新、会计确认与计量的创新、会计规范的创新；然而会计管理范式的创新也促进了科学技术的进一步发展。

第四节　企业会计管理监督体制建设

目前有些企业会计管理监督方面经常出现一些问题。这些问题产生的根源是企业在日常经营过程中对经济业务重视程度不够，所以会造成会计监督体制的不完善，从而造成会计监督职能的弱化。针对企业会计管理监督存在的一些问题，本节提出了一些意见与建议，希望可以减轻其弊端，为我国企业会计管理监督的进步贡献一份力量。

会计管理的监督问题，不仅仅是企业改革发展的必要问题，也是其适应市场经济发展的必然要求。加强会计管理的监督，首先能够很有效的控制资金流转，防止舞弊腐败现象的产生，最终促进企业内部监督控制机制的全面建立。随着我国改革开放进程的不断深入，会计行业也发生了很大的变化，要想真实有效的记录会计信息，就必须建立一套完善的监督管理体系。

一、企业会计管理监督体制存在的问题

家族式管理模式。在一些企业中，股权呈现高度集中的特点。并且，通过分析我国的企业可知，其中相当部分比例的企业是民营性质的企业。在这些企业中，家族企业比例很

大。企业的所有权、经营权和监督权三权合一固然有其优势，比如，中小企业在初始创业阶段的效率高，能够做到快速反应。但是，随着企业规模的逐渐增大，企业越来越需要引进更多的人才。但是，对于家族企业而言，非家族成员进入企业管理层，很难与家族成员获得同岗同酬的待遇，这样就会导致不公平的竞争，不利于企业会计管理人才的培养。

纪律执行不严密。由于没有严格的规章纪律要求，很多会计从业人员会利用手中的权力进行弄虚作假，不仅使企业的工作开展变得极为混乱，还会产生严重的经济损失。一些违法乱纪的行为如果任由其发展，不仅使企业经济不断损失，更严重的是还会对社会秩序造成强烈的冲击。

会计人员意识薄弱。部分企业的会计工作人员在陈旧错误的观念影响下，对于企业会计管理监督缺乏重视。这种意识是严重缺乏职业素养和法律意识的。会计职业最大的要求就是真实和严密，这两个要求遭到破坏就会带来很严重的问题和后果。甚至，一些工作人员无法抵制诱惑，出现的徇私舞弊的行为已经跨越了法律的底线，严重扰乱企业会计工作的进行。

预算控制力度不强。对于科研项目来说，在合理范围内进行科学缜密的项目经费预算和保证项目经费的落实是至关重要的。但是，目前很多企业既做不到合理的预算和控制，在落实情况上也无法及时完成。这些情况的发生根源就在于没有建立一套完善的项目经费审查监督制度，只有制度完善，才会使得这一项工作真正的落到实处。

会计管理监督体制不健全。企业内部存在的监督管理方面的问题，其根本点是因为尚未确立一套完善的规章制度。如同法律一般，会计的监督管理需要合理合法，并以强大有效的制度为支撑，只有做好这一点，会计监督管理工作才能有条不紊的进行，同时才能确保整个过程中执法的合理与监管的全面。

二、建设会计管理监督体制的措施

完善会计监督立法。加快立法来保障会计管理监督体制的完善是根本的、必要的。首先，要明确企业会计管理监督部门在整个监督管理体系中的主体地位，这是毋庸置疑的。同时，在立法的时候，应当充分结合我国目前经济发展的阶段和特点，以及我国自身的国情，切实制定符合我国发展规律的、完善的、详细的法律制度，同时配套完善的执行体系，确保监督工作不再是纸上谈兵，而是落到实处。在法律的支撑下，企业会计监督管理体系可以自主有序的进行，保障会计工作人员依法行使监督权。可以采用如下措施：进行举报监督，提供安全的举报途径，对举报人进行奖励，促进监督人员的工作热情和激情。

增强会计人员责任意识：

加强对企业负责人的教育管理。企业负责人是该企业会计行为最直接的责任人。因此，其对于会计工作的监督管理是在进行负责人考核时必须包括的一个项目。只有负责人充分重视，才能使得监督管理工作最大程度、最高效率的展开。同时，必须针对企业负责人进行与会计知识相关的系列培训，只有了解该行业的具体实情才能对症下药，有效合理的监管。此外，针对从业人员道德素养、职业涵养的培训也是必不可少的。要让工作人员工作时有崇高的使命感和坚定的法律观，从而处理好各种利益关系，不做出违法犯罪的事情。

提高企业会计人员的门槛，加强对会计人员的考核。每个企业，在制定岗位基本规章制度时，应该充分结合企业自身的实际情况，明确该企业从业人员所需遵守的基本准则。在根本上提高企业会计人员的责任感和归属感，提高他们的工作积极性。此外，会计行业的从业人员必须不断更新自身的知识，增强自身的能力，企业应当大力支持会计从业人员的继续教育和专业深造，不断提高他们的专业能力。最后，必须将考核与绩效挂钩，考核不合格的人员要在限期内做出改正，进一步提高对自身的要求。

健全企业会计管理监督体制建设：

解除人员之间的利益联系。在企业中，会计行业的工作总是会与各种因素相关，或者是受到企业自身和领导的影响，大幅度削弱了会计工作的监督管理。在这种情况下，最好的办法就是将领导人员从企业利益之中解除，保证会计工作的独立进行。在进行人员的任免调动过程中，应当充分考量被任命人员和当地负责人之间的利益关系，也就是说要解除人员之间的利益联系。

健全内部会计管理监督制度。企业内部会计监管制度的建立，必须充分贯彻落实不相容职务的分离。要使得从事经济活动中的各个人员之间没有相互的联系，同时，彼此之间存在制约，这样可以在一定程度上减少违法犯罪行为的产生。尤其是对于重大经济活动的决策、实施要实现整个过程严格的监督和不同程序之间的制约。要制定完善的内部检查控制制度，明确财产清查的范围，同时配套合理完善的规范体系。所有的规章制度都要保证切实落到实处，而不是一纸空谈，在目前新的电算化普及之后，要在最短的时间内根据新的环境对监管体系做出改变，加强会计质量和信息的监管。

监督项目经费预算。第一，针对每一个项目，都要进行严格的成本核算以及预算审查，确保预算控制在合理的范围之内。第二，科研经费的使用一定要严格明确其花费途径，对于不合理不明确的支出要进行及时的整治和总经费的调整。第三，经过前期严格审查之后，也不能放松实际使用过程的监管，必须使得监管落实到经济活动的全过程。第四，建立审批制度，严查报账的合理合格与真实性。对于出现的虚假乱报现象进行严格的查处与惩办。总之，最重要的一点就是所有规章制度能否落到实处，因此，如何保障监督管理体系有效、及时的实施是很重要的。

健全管理监督体制。在某些方面，会计人员从事的经济活动易受到上级领导的影响。但是，这种现象往往会导致很多腐败犯法的事情产生。因此，如何能够保证会计从业人员工作的独立自主性，是会计监管制度在制定的过程中一个很重要的考虑点。只有保证会计工作职能的发挥，才能避免违法乱纪现象的产生。对于企业领导人员和会计从业人员之间利益关系的平衡监督以及管理，是关乎企业建设的重要方面。除了企业内部需严格监督管理体系的建设，还可以通过人员任命和本企业分离的措施，这能在一定程度上断绝领导人物和会计人员之间的利益关系。此外，还应该使得会计工作人员之间存在相辅相成但是又相互制约的关系。避免大规模会计舞弊违法现象。最后，要保证工作体系和监督体系的透明化，明确企业的财产范围，简化监督管理复杂度，要用最短的时间发挥企业会计监督管理体系最大的作用。

加强综合监督执行力度：

加大综合监督力，不断提高相关部门综合监督的能力和水平。在具体的会计管理监督中，《会计基础工作规范》应当作为监管过程最基本的指导，同时依据各个企业自身的实际特点和工作情况找出自身存在的不足和监管盲区，查漏补缺，对症下药。这样才能做到整个监督体系的不断完善和效率的不断提高。对于在工作过程中尽忠职守、恪守规矩的职工应当建立表彰奖励制度，而对于非法乱纪的人员应当严格处罚。

在执法行为中，应加大力度，审计、财政、税务三部门合理分工审计监督。在企业的预算执行、计划完成以及财务收支等方面应该进行严格的监管，财务监督时应当以本单位的会计信息质量为主进行严格的核查。财务职能部门作为整个工作体系的核心，应当主动承担起部门内部的监督管理。每个企业部门的会计信息汇总起来将会对社会的经济秩序产生深刻巨大的影响。同时，税务监督也是对企业部门产生监督的主要手段之一，主要核查的是纳税人依法纳税的情况。

随着社会的不断进步和发展，我国企业在会计工作中存在的诸多问题得到了一定的改善，但同时，也面临着更大的问题与挑战。因此，我们必须在这个问题上引起足够的重视，才能使会计活动的开展紧跟目前时代的需求，更好地为国家经济建设服务。同时，监管体系也要不断的与时俱进，更好地为会计活动服务，从而推动企业的快速发展。

第七章 当代会计管理体制

第一节 会计管理体制及其模式

一、会计管理体制的涵义和内容

会计管理体制是指参与经济运动，参与经济活动，在会计活动中实施操纵，支配，限制并制定出相关体系的操作规定和机制的部署，还包括根据这个所拟定的相关一个体系的会计标准。

会计管理体制的内容概括来讲就是各级会计工作管制机构和下级会计核算组织相沟通并决定相互在会计工作管理中的立场和角度的责任和隶属关系。

首先，各级财政部门分级统一管理本地区的会计工作；各级业务主管部门以及基层单位在受上级或同级财政部门主管部门的指挥领导过程中，在统一遵守国家会计法律法规制度的前提下，有权根据本部门、本单位实际情况灵活组织会计事物和处理会计工作的权利。其次，会计准则、会计制度在我国的制定权限，会计准则以及统一的行业会计制度的制定权，它们在我国财政部、各地区、各部门可在上述范围内来制定本地区、本部门的会计制度或补充规定，并且报告给财政部备案。各单位也可以在遵守会计准则、行业统一会计制度和地区或部门会计制度的前提下，来制定本单位的会计制度。最后，会计人员管理制度在我国，会计人员的业务管理主要由财政部门负责，会计人员的人事管理主要由业务部门负责。

二、会计管理体制的作用

有利于加强企业内部控制。会计管理体制对单位自身的会计工作控制有着关键的影响，会计管理体制的完善可以巩固企业自身控制，较科学的掌握和筹划企业的会计工作，带动企业迅猛成长，是单位的经济步入一个崭新的台阶，由此来看，一个规范、有效、科学的会计管理体制度对一个单位不可或缺的。会计管理体制能够保证企业会计信息的精准和可信赖度，全方位控制企业的经济活动，提高投资者对企业的约束和掌握的能力。企业要想巩固自身的会计管理体制的发展，全面的把握企业会计管理的约束力，并迅速扩大企业的经济发展，就必须从根源上控制经济活动，彻底的遏制会计违法违规现象，把企业的违规罚款削减到最低，大大减少企业不必要的经营成本。

有利于国家宏观调控。会计信息是我国会计管理体制的重要组成部分。国家为了更为有效地进行宏观调控，必然要求会计所提供的信息能满足国家宏观调控的需要，国家对会计活动进行干预也就成为一种必然。与之相对的，必须要在满足可以推动和指引经济轰动的发生和从广义上发展经济的方向为目标去指定企业会计准则。会计准则拟定者的这一认为，加快了把会计准则的拟定转变成为政治经济学范畴的一部分，这同时也展现出关于国家从广义上统筹经济运动的关键部分。

有利于协调企业利益关系。企业的会计信息反映了企业一定时期的财务状况和经营成果，这些财务状况和经营成果体现了一定的经济利益关系。在企业会计信息中对于经营成果的表现，不仅包括企业向国家税收机关交付的税款总额，还应包含企业向所有者和债权人支付的利润或利息，还应表现为企业能否按时支付所欠债务。会计管理体制的对企业的经济发展有着巨大的影响，它可以从根源避免企业利益主体人与企业之间的账务或资金的冲突，确保企业的经济活动全面正常运作，还会确保企业的会计行为有效、合法，从而加强对企业会计工作的管理和制约，确保企业经济主体在完全正常的条件下实施和健康发展，从而全面协调企业的各种经济关系。

三、会计管理体制存在的问题

会计内部建设和会计监督机制不健全。因为对于一个单位来说，单位经营者可以控制着整个企业自身的会计监管人员的调转、离职以及薪酬等这些严重影响到有关于私人的实际权力，单位经营者往往为了应付有关部门的检查，不惜扭曲事实，已经失去了会计信息应有的公正性，企业也随即出现滋长了大量的贪污腐败现象。因为企业会计管理者及会计人员权力形同虚设，毫无威信力可言，加上会计基础工作薄弱，会计监督能力薄弱，单位财经纪律杂乱，会计管理能力差，单位自身约束力和管理能力薄弱，同时社会监督和政府监督体系不严肃，结果导致单位会计出现违法违纪的现象比比皆是，会计信息造价事件频发，对我国正常的社会财经管理纪律造成恶劣影响，同时给经济的进步带来极坏的负面影响。

管理人员不重视会计管理制度。在现行的会计管理体制中，单位负责人员容易看轻会计管理体制的规则，不注意会计管理体制的确立和修正，使得会计管理体制更多的成为了样子、形态。当前我国一些企业的管理领导者单纯片面的把实施会计管理工作认为是对企业人力资源和物力资源造成不必要虚耗，因为当单位经营操作时忽视会计管理制度的执行，给会计管理制度造成恶劣的推行情况，更过分的还会把会计管理体制当成针对监督机构检查的一项手段。由于某些单位经营者思维意识比较落后，对当今会计管理情况认知匮乏，没有产生科学合理的经营思想，也没有把会计管理的实施变成单位高效率经营的主要事件，因此也就无法认识到会计管理体制对于一个企业的关键性。对于会计管理体制缺乏应有的全面认识和仔细了解，也没有深究对于会计管理体制的一些理论研究，这些都将影响到会计管理体制的确立和修正，导致会计管理体制表现不出它在企业经营中存在的价值，形同虚设，严重影响到一个企业的发展。

会计人员法律意识淡薄。在企业中，财会部门是一个很重要的部门，但是在我国屡屡出现了会计管理失控的现象。究其原因，虽然我国陆续颁发了《公司法》、《会计法》、《注册会计师法》等相关法令条款，但是因为一些单位负责人比较缺乏对这些会计规章的了解，结果许多不发事件仍然不断涌现，造成了许多单位会计工作人员出现了有法不依，执法不严的情况。这样的会计工作人员势必会对企业的发展造成不小的负面影响，进而影响整个的市场的经济。我国有关财政部门，审计机构，税收机构，金融机构等其他相关机构均多多少少的负责些关于单位会计工作人员以及注册会计师进行监督和约束的责任，但是有些彼此推卸责任，悉究本末的周密、完整的经营方法与当今市场经济的进步的理念相违背，实施效果并不明显。

会计管理体制现状包括企业的会计管理体制现状和机构的会计管理体制现状，它们是我国会计管理体制整体现状的主要外在表现，同时既有会计管理体制及模式中依然存在一定的不足，主要包括企业会计管理机制效用欠缺、企业会计管理体制与行政管理规范欠缺标准性。因此，针对优化会计管理体制及其模式的措施探讨值得会计从业人员深入思考。

伴随经济社会的持续变迁和社会主义市场经济环境的持续优化，会计管理体制对一国经济活动的反映、监督和控制作用正在发生变化，包括会计管理体制存在僵化可能性、会计管理体制无法适应国际经济环境等等，使得会计管理体制不得不需要及时的升级和换代。因此，针对会计管理体制及模式的优化分析是具备前瞻性和必要性的。

（一）企业会计管理体制现状

由于企业组织制度及经营规模的差异，不同企业会计管理体制现状不尽相同，但是普遍特征依然存在。一是会计监督方法的选择不当。由于个别企业的会计管理体制过于简单，企业通常不会科学选择配套的会计监督机制，比如会计监督部门不健全、会计监督流程的实质性不强等不足，使得企业的会计活动难以受到有力的监督和独立控制。二是会计管理体制的变革机制有待完善。由于企业对会计管理成本的考虑，不少企业基本不考虑会计管理制度及模式的持续改进和完善机制，使得企业会计活动的效率提升过程存在难度，也就是说，如果企业会计管理体制无法及时的引入新技术、先进管理模式的核心内容，企业就无法充分的改进内部治理结构、优化会计活动分工，最终影响到企业综合管理水平的提升。

（二）机构的会计管理体制现状

作为社会主义市场经济活动的重要风向标，政府机构以及专业机构的会计管理体制对企业会计管理体制形成一定程度的引导作用，具体而言，这包括两方面内容：一方面，是行政事业单位的会计管理体制现状。由于《政府会计制度》的持续完善和深化执行，行政事业单位的会计管理活动具备明显的模范导向和科学目标，包括财务会计和预算会计并行的会计核算体系，同时也包括收付实现制与权责发生制的转化和升级，使得各级行政事业单位的会计活动更为合法、合规和高效，最终有助于财政资金使用效益、单位公共服务供给质量的稳步提升。另一方面，是以非行政事业单位性质专业机构为主的会计管理体制现状。由于财政部、总会计师协会、会计学会、注册会计师协会对国家会计规范制度及立法的影响巨大，我国会计管理体制现状主要体现为"统一领导、分级管理"的层级分布，也就是说，各级会计人员、各类资质的会计管理人员受到专业机构的影响和监管，包括资格考试、资格认定及评估和会计职称评审等活动受到专业机构和协会的管理和监督，从而保证会计人员的从业合规性和合法性，因此，我国基于会计专业监管机构或协会的会计管理体制基本完善。

（三）会计管理体制及模式中存在的不足

由于我国市场经济与全球经济接轨程度不断加深，加上改革开放具体政策的不断深化落实，目前会计管理体制及模式中依然存在一定的不足，具体而言，主要体现为两方面内容：一是企业会计管理机制的效用欠缺。由于企业制度章程、会计法律法规的执行懈怠，企业会计管理制度要求的会计核算流程、授权原则等机制难以发挥改善企业经营管理的作用，甚至出现企业会计人员刻意违规的现象，从而影响企业会计管理机制的健康运转。二是企业会计管理体制与行政管理规范欠缺标准性。由于众多企业的国有性质较强，其会计管理体制需要与行政管理规范同时执行和应用，同时二者的优先级确定并无标准流程，使得个别经济事件的核算监督受制于多方面因素，导致因权限不足、权力越位出现的监督困境现象偶尔发生。

四、优化和改进会计管理体制的可行措施

（一）明确认识企业会计管理体制的创新方向

为确保会计管理体制的合理化趋势增强，会计从业人员及监管人员都需要明确认识到未来会计管理体制的创新方向，从而保证自身专业技能和认识水平能够与时俱进，最终有助于我国企业会计管理体制的持续优化。一是企业会计管理体制对市场经济需求的适应。由于社会主义市场经济制度及法律的持续完善，同时现阶段的社会主要矛盾发生变化，市场经济中的新产业、新技术活动需要会计管理体制来衡量价值、反映社会现状，因而会计管理体制也就需要更新底层理论和技术支持，从而保证会计管理机制的更新换代。比如，引入大数据技术形成创新的会计监督机制。二是企业会计管理体制的独立性趋势更强。如若会计管理和监督活动不再受制于机构运转效率、政治性影响，那么就称为会计管理体制是独立于市场价值交换的，从而保证会计活动、会计监管活动具备充分的可靠性和合规性。三是企业会计管理体制的社会性质转变。由于企业会计管理体制需要协调企业主体的经济权力和责任，加上会计管理机制的社会责任更强，企业会计管理体制需要不仅对社会负责，同时也对非企业经济主体负责，以维持健康的经济社会秩序。四是企业会计管理体制的全球化趋势不会削减。这需要企业会计管理体制逐步的探讨和比对与国际优秀规范的差距和不足，通过对会计管理规范的国际板块内容进行持续更新，以便于我国企业会计管理体制的全球化趋势更强。

（二）持续完善会计监管机制及其体系

要确保会计管理体制科学性持续增强，就需要持续完善针对企业的会计监管机制及其体系。一方面，需要持续完善企业内部的会计监督机制。这需要企业不仅保证会计人员具备相应的内部监督部门，同时对会计人员的会计活动进行留底式的记录和监督，包括背书留底、报表编撰责任人记录、资金审批记录等等，另外，还可以运用内控管理工具加强会计活动的权责控制和监督，以保证企业内部会计活动的全面强力监督。另一方面，需要拓宽来自企业内外的会计信息监督途径。这需要企业不仅从自身内部设计会计信息监督机

制，同时持续的拓展来自企业外部经济主体的会计监督信息机制，包括聘请独立专业评估机构、参与企业会计的专业协会、采用透明化程序化的信息披露方法等等，以保证企业会计信息的可靠性足够强，最终充分发挥会计管理体制的真实职能。

（三）完善构建适合多种经济主体的会计管理体制

由于会计管理模式不仅是对企业活动的反映和控制，同时也是对社会多种经济主体活动的监督和反映，优化会计管理体制就需要构建适合多种经济主体的会计管理模式。一是持续优化非企业主体的会计管理体制。尽管企业会计管理模式对我国会计管理体制形成主要影响，但是非企业主体的会计管理体制同样需要持续的改进，包括政府机构、公益机构、社会团体以及行政事业单位等一系列具备经济活动能力的非企业单位，它们的会计管理制度也需要持续改进或完善，从而保证我国会计管理体制的普适性和系统性，以发挥出会计活动对国民经济现状的充分反映和监督。二是健全多种经济主体下的会计管理革新机制。这需要会计行业的资深学者引领成立创新研讨学会、调研委员会等社会团体，对国有企业、民营企业等多种性质企业和行政事业单位、公益单位等非企业性质单位的会计管理机制进行研究和创新探索，最终保证会计管理体制对经济社会的充分适应。

会计管理体制对企业主体、非企业经济主体的经济活动发挥有力的监督和反映职能，但是如若社会经济的发展速度超越体制优化速度，那么多种经济主体下的会计管理模式将会难以发挥真实效用，因此，会计从业人员需要持续探索改进会计管理体制的可行措施，包括明确认识企业会计管理体制的创新方向、持续完善会计监管机制及其体系等。

五、探析新经济环境下企业会计管理体制改革的具体策略

（一）树立现代化会计管理理念

综合来看会计管理体制的改革，并非仅仅将原有管理思想及管理理念进行转变，更是将现代化理念作为依据，系统分析、设计以及决策会计管理的整个过程。当前处于高速发展的新经济形态背景下，企业应跳出传统会计管理理念的束缚，对全新的且符合当前新经济发展态势的良性管理理念进行树立，并将此种全新的管理理念作为直接依据作出会计管理的决策。只有将科学高效及现代化的会计管理理念作为企业会计改革的原则，才能保证企业会计管理和企业长远发展目标二者之间的有效融合，进而借助会计管理促进企业战略目标的实施。所以，企业会计管理的相关工作人员以及职能部门需要将企业的实际状况作

为依据，对全新的符合新经济发展趋势的会计管理模式进行积极探索，进而提升管理的现代化水平，拓展企业会计管理体制改革与发展的深度。

（二）创新会计管理监控制度

会计管理监控制度创新目标的实现是对会计管理持久作用相关制度的直接保障，更是企业会计管理体制创新工作的重中之重。企业统筹企业当前会计管理监控制度的现状，总结不够完善的部分，并将其作为直接依据对制度体系进行进一步规范，从而使全新的管理制度得以构建，实现制度化人员管理和资金管理的目标。第一，企业需要将相应的约束和控制条例在制度中进行明确，进而保证会计工作的规范性。同时需要对企业各个部门单位的内部控制管理力度不断提升，并持续完善会计监控体系，将内控机制的作用最大限度发挥，进而使得会计管理工作的实用性得到切实提升，杜绝不规范会计行为的发生，进而使得会计管理工作质量水平得到提高。

（三）强化会计管理队伍建设，提升管理人员综合素养

随着新经济时代的不断发展，对会计管理工作的要求越来越高，相应的对企业会计管理工作者的工作能力也提出了新的要求。企业要提升经济环境对会计管理工作各类影响的重视程度，不断强化会计管理队伍的建设力度和培养力度，进而对管理人员的业务能力和管理能力进行提升。首先，企业要对会计管理队伍人员的招聘和选拔提高重视，综合考量企业会计管理工作的实际需求并将其作为人才招聘和选拔的直接依据，将企业长久发展目标作为会计管理人员招聘和选拔的原则，进而对满足企业会计管理工作需求的会计管理队伍进行构建。同时可结合企业会计管理工作现状对人才培育机制进行建立，在企业会计职能部门内部进行具有管理能力人员的选拔，提供针对性的学习平台和培训机会，进而为企业培养更多高素质的会计管理人员。其次，需要对会计管理队伍相关工作人员的职业精神进行培养和提升，借助思想教育活动对其时代认识进行强化，使其可将时代发展趋势、经济发展现状以及企业实际状况进行有机结合，并将其自身工作的岗位性质作为出发点，展开创造性的管理工作，使得会计管理工作的效率和质量不断得到提高，进而推动企业会计管理体制改革的有序进行。

（四）细化对应的会计管理条例和细则

创新体制有利于单位部门自主性的强化和提升，而管理体制的创新有利于推动企业会计部门会计工作有效性的提升，进而使得会计管理工作可以更加高效的进行。所以说处于

当前新经济环境下，企业会计部分需要不断优化创新自身会计机制，进而推动会计管理体制的改革工作。将《会计法》《企业会计制度》作为条例和细则的直接依据，进而确保会计工作制度的合理性及合法性。需要注意的是改革工作推进过程中应将部分的实际状况作为根本依据，对其进行深入调查后对全局观念进行树立，强化企业会计部门的超前意识，在日常工作中贯彻企业发展观，对企业现有的各类会计管理条例及细则进行细化和改革，并将其作为会计管理人员日常工作推进的直接依据，进而在对企业会计管理体制不断规范的同时促进其改革。

综合上述所言，企业处于当前新经济环境的激烈竞争下，要想在激烈的市场竞争中占有一席之地并获取长久的发展，必须对会计管理体制进行创新和改革，以适应当前社会发展的整体趋势，并且对企业发展过程中会计管理工作不断提升的需求进行满足。企业管理层要对会计管理体制改革的重要性和迫切性有明确的认识，并将新经济背景于企业会计管理的影响作为直接依据，然后结合企业发展过程中会计管理工作的实际需求和特点对会计管理体制进行优化和改革，进而达成会计管理环境不断优化、会计行为规范性提升的目的，会计管理工作的效率和质量均得到有效提升，有利于企业良好有序的发展。

第二节　会计管理体制的形成和曲折

我国的会计管理体制，是和财政、财务管理体制紧密相关的。新中国成立初期，为克服国民经济极度混乱和困难的局面，我国在经济战线上开展了统一国家财经，争取国家财政经济状况根本好转的斗争。在统一国家财政收支和统一经济管理中，形成了我国以高度集中统一为主要特征，按行政隶属关系实行适度分级管理的财政、财务管理体制。会计工作作为财政经济工作的基础和重要组成部分，其管理体制也相应地逐步形成。

我国的会计管理体制，在改革开放以前的长时期中，主要是通过会计制度拟定、实施和决算报表的编、审来体现的。

一、预算会计制度的统一和预算会计管理体制的形成

为统一国家财政收支，1950 年 3 月，政务院公布了《中央金库条例》。随后，财政部制发了《中央金库条例施行细则（草案）》，首次对金库会计制度作出了原则性规定。统一金库会计制度是我国统一预算会计制度的开始。

1950 年 12 月，财政部制发了适用于各级财政机关的《各级人民政府暂行总预算会计

制度》和适用于各级各类行政事业单位的《各级人民政府暂行单位预算会计制度》，并从1951年开始施行。这两项预算会计制度的颁布实施，不仅实现了我国预算会计制度的统一，而且规定了"统一领导，分级管理"的预算会计的分级组织体系。《各级人民政府暂行总预算会计制度》规定："各级人民政府总会计的分级是，中央总会计，大行政区或自治区总会计，省（市）总会计，在专员公署财政科不设总会计，但可视工作需要由省委托代理总会计。各级人民政府之总会计，在业务处理及制度实施上应受上级总会计之指导与监督。"《各级人民政府暂行单位预算会计制度》规定的单位预算级次是："凡与总会计直接发生领报关系的机关，其会计为一级单位会计；凡与一级单位会计直接发生领报关系的机关，其会计为二级单位会计；凡与二级单位会计发生直接领报关系的机关，其会计为三级单位会计……"，"各级单位会计在业务处理及制度实施上应受各该上级单位会计之监督与指导。上级单位会计应受各该级人民政府总会计之监督与指导。"

1951年7月，我国第一个《预算决算暂行条例》由中央人民政府政务院正式发布，对预算、决算的分类；组成体系；预算的编制及核定；预算的执行；决算的编造及审定等作出了具体的规定，《条例》不仅规定了我国基本的财政管理体制，而且也将我国会计制度规范的预算会计管理体制用国家的行政法规肯定了下来。同时，《条例》还规定："各级企业主管部门，应将所属企业机构之预算拨款、预算缴款部分，报经同级财政机关分别列入各该级总预算、总决算。""前项预算拨款、预算缴款，应根据各企业机构年度财务收支计划，及年终决算编报数额，分别编列之。"这一规定实质上把企业财务收支纳入了国家预算、决算体系，从而也为企业会计管理体制的形成提出了基本原则。

各级总会计和单位预算会计的职责权限，根据《预算决算暂行条例》和两项会计制度的规定，可归纳为：

1. 各上一级总会计和单位会计在业务处理和制度实施上对其所属下级进行监督和指导。这里所称业务和制度，实际上包括财政、财务、会计业务和制度；

2. 各上一级总会计和单位会计对其下一级编报或汇总的会计报表进行审核、汇编，如发现编报机关之决算有错误、遗漏或重复等情况，应更正数字汇编，并通知原编报机关。如发现有匿报、伪造或违法之收支，除更正数字外，并应依法处理。

3. 必要时对下级会计主管人员变更办理会计交接时进行监交。

二、企业会计制度的统一和企业会计管理体制的形成

统一国营企业的会计制度和会计工作管理是统一企业管理的基础，对此，新中国成立

伊始，中央政府就给予高度的重视。1950 年 3 月政务院财政经济委员会发出《关于草拟统一的会计制度的调令》以后，即开始了企业统一会计制度的草拟工作，并陆续印发并经财政部审查核定，由重工、轻工、纺织、铁道等部门拟定的本部门所属企业和经济机构的会计制度草案，1951 年，财政部门开始统一拟定各主要行业的统一会计制度。

1952 年 1 月，政务院财政经济委员会发布了《国营企业决算报告编送暂行办法》。《办法》虽然主要是对企业决算报送问题的规定，但根据《预算决算暂行条例》有关规定制定的这个《办法》，实质上体现了我国企业会计管理体制的雏形。

按《暂行条例》规定，各级企业主管部门根据所属企业财务收支计划和年度决算汇编的预算拨款和缴款是各级总预算的组成部分。从而明确各级总会计（即各级财政部门）为各级企业财务会计工作的管理部门。

《办法》规定，基层企业的月份计算报告、季度的结算报告和年度的决算报告，按隶属系统报主管企业机构或主管企业部门；各级企业主管机构对所属企业上报的决算报告，应逐级审核、批复、汇编、加注审核意见，转报主管企业部门及其同级财政部门，主管企业部门对于所属主管企业机构及直属各基层企业上报的决算报告，应予审核、批复、汇编、加注审核意见，送同级财政经济委员会及财政机关。这些规定包含两层含义：其一，按隶属关系，企业主管部门与企业主管机构之间（即上下级企业主管部门）以及企业主管部门（企业主管机构）与企业之间在会计管理体制上属于上下级的关系；其二，财政部门与同级企业主管部门（或机构）之间在会计管理体制上属于管理与被管理的关系。

在企业内部，《办法》体现了企业行政领导对本企业会计工作负领导责任的要求。

根据《条例》和《办法》的规定，各级财政部门和各级企业主管部门、企业主管机构在会计管理方面的职责权限，可以归纳如下：

与预算会计管理体制相同，各级财政部门和企业主管部门（机构）对其所辖和所属企业的财务会计工作在业务处理和制度实施上进行监督和指导。

财政机关审核主管企业部门报送企业决算报告，在"审核决算报告时，得向主管企业部门或通过主管企业部门向主管企业机构、基层企业查阅账册，调取证件报表及其他有关资料"。财政机关对审核的决算报告提出书面意见，"财政机关与主管企业部门对于审核决算报告的意见不能一致时，应由各级财政机关分别提请政务院或大行政区（中央直属自治区）人民政府（军政委员会）解决之"。

主管企业机构及主管企业部门审核批复所属企业的决算报告，并汇编上报。"审核所属上报的决算报告时，如发现错误，应予查明更正，……改进意见应在财务情况说明书内叙述"。

对会计制度的制定权限作了相应规定。例如，《暂行办法》规定：省市以下所属公营企业决算报告的编造、报送及审核办法，由各大行政区（中央直属自治区）人民政府财政部比照本办法规定拟定，报中央人民政府财政部批准施行。《暂行办法》还规定："会计报表的格式及所列的项目，除中央人民政府财政部已有统一规定者外，应由主管企业部门于统一会计制度内规定之。属于成本报表者，由中央人民政府财政部统一规定"。

这一时期，在会计管理工作的范围内，曾对加强会计队伍管理有过讨论研究，如在财政部主持召开的第一次全国企业财务管理及会计会议上，曾经讨论过《会计主管人员职务、权利、责任暂行条例》（草案），因种种原因，这一条例未能公布施行。关于会计管理机构的设置，在财政部门，除财政部设有专司会计制度设计、制定的会计制度司外，日常财务会计工作的管理是由各级财政部门设立的业务司（处、股）分别执行的。在各级企业和行政事业单位一般也设有财务会计机构或专职会计人员。

回顾历史，可以看出，建国初期，适应我国政治体制、经济体制的需要，我国会计管理体制的基本框架是中央财政部统一管理全国的会计工作；大行政区（后撤销这一级建制）、省、市等各级政府财政部门管理本地区的会计工作；各级企业事业主管部门管理本系统、本部门的会计工作；各基层企业事业单位的行政领导管理本企业、本单位的会计工作。这一基本框架虽在"大跃进"中遭挫折，在"文化大革命"中受到严重干扰和破坏，甚至财政部的会计制度司也无令而亡，但总体来说，全国的会计工作仍在按该体制运行，而且成为以后会计管理体制改革和完善的起点。

第三节　会计管理体制的恢复、健全和发展

我国国民经济及社会生活的各个方面的发展进入了一个新时期，会计工作也迎来了前所未有的崭新局面。遭到破坏的会计管理运行机制也得以恢复，并随着政治、经济体制改革的深入而发展和完善。

一、《会计人员职权条例》的修订和颁布

为了迅速恢复会计工作秩序，明确会计人员的职责、地位、工作权限等，以充分调动广大会计人员工作的积极性，财政部在总结1963年颁布的《会计人员职权试行条例》实施经验的基础上，作了修订，提请国务院审议，新的《会计人员职权条例》很快经国务院审议通过，并于1978年9月12日颁布实施。《条例》除对原试行条例的5章作了适当修

改外，增加了"总会计师"和"技术职称"两章。《条例》中对会计机构的设置、会计人员的职权等作了明确的规定。

《条例》的发布实施，对会计工作的全面整顿和恢复发挥了积极的保证和推动作用，其中有关会计机构、会计人员的规定，尤其是对总会计师、会计技术职称的明确规定，不仅极大地调动了广大会计人员的工作热情和积极性，而且对恢复和逐步完善我国的会计管理体制具有十分重要的作用。

二、财政部会计制度司的恢复

为了加强对会计工作的领导，报经国务院批准，财政部于1979年1月恢复了会计管理制度的职能机构——会计制度司；1982年，在国家机关机构改革中，适应会计工作发展的需要，会计制度司更名为会计事务管理司。其职责主要包括：

主管全国会计工作，了解、检查会计工作情况，总结交流会计工作经验，研究拟定改进会计的措施。

制订和组织贯彻实施各项全国性的会计法令、规章制度，检查各地区各部门拟定的会计制度办法。

制订全国会计人员培训计划，推动和协助各地区、各部门进行会计人员培训工作。管理全国会计干部技术职称工作，会同劳动人事部制订会计干部技术职称的各种规定办法。

制定有关会计事务所的规定和管理办法，指导监督各地会计师事务所的工作，制发注册会计师执照。

审批外国会计公司在华设置办事机构，管理监督其业务活动。

组织编写和审定全国统一会计教材。

负责本部门会计研究生的教学和研究指导工作。

办理中国会计学会的日常工作。

财政部会计事务管理司的上述职责，较之会计制度司的时代是大大地扩展了，成为名副其实的主管全国会计工作的机构，同时也说明，国家对会计管理工作越来越重视。

财政部会计制度司的恢复和更名，以及会计事务管理司职权的拓展，标志着我国新时期会计管理体制的恢复和逐步发展。

三、各部门、各地区会计管理机构的恢复、建立

随着经济体制改革的逐步展开和国民经济的恢复发展，会计工作在经济管理中的重要

地位和作用日益显现，各部门、各地区也随之普遍加强了对会计工作的领导和管理。国务院各业务主管部门迅速恢复或组建了管理本部门财务会计工作的专门机构，其职能主要是组织和管理本部门、本系统的财务会计工作，在与国家统一的会计制度不相抵触的原则下，制定适用于本部门的有关会计制度的具体办法或者补充规定，组织本部门的会计人员培训工作，以及从事本部门其他的会计管理工作。

80 年代初，山西和贵州率先在省财政厅设立会计管理专门机构，80 年代中期以后，各省、自治区、直辖市财政厅（局）也先后成立会计管理的专门机构——会计事务管理处（有的称为会计处），并在绝大多数的地、市、县财政部门陆续成立了会计管理机构（会计事务管理科、股等），一些乡镇财政所也设置了会计管理机构（会计事务管理组）或设有专人负责会计管理工作。各级地方财政部门的会计管理机构的职能主要是负责本地区的会计管理工作，如负责国家统一的会计法规、制度在本地区的贯彻实施，制定本地区的会计法规、制度、办法，组织本地区的会计人员培训，负责本地区的会计人员管理工作等。

各部门、各地区会计管理机构的恢复、建立和完善，适应了新时期经济发展对加强会计管理工作的要求，进一步完善了"统一领导，分级管理"的政府主导型的会计管理体制，保证了国家有关会计方面的法规、制度得以顺利地贯彻实施，为我国会计工作的加强、发展和创新奠定了基础。

四、《会计法》的颁布和会计管理体制的法制化

1985 年 1 月六届全国人大常委会九次会议审议通过了新中国第一部《会计法》，并以中华人民共和国主席令公布，于 1985 年 5 月 1 日开始实施。尔后，1993 年 12 月，八届全国人大常委会五次会议对《会计法》进行了第一次修订。

《会计法》第一次以国家法律的形式，对我国会计工作的管理部门和管理权限等作了明确的规定："国务院财政部门管理全国的会计工作。地方各级人民政府的财政部门管理本地区的会计工作。""国家统一会计制度，由国务院财政部门根据本法制定。各省、自治区、直辖市人民政府的财政部门，国务院业务主管部门，中国人民解放军总后勤部，在同本法和国家统一的会计制度不相抵触的前提下，可以制定实施国家统一的会计制度的具体办法或者补充规定，报国务院财政部门审核批准或者备案"。

对会计机构的设置和会计人员职责等，《会计法》明确规定：各单位根据会计业务的需要设置会计机构，或者在有关机构中设置会计人员并指定会计主管人员。不具备条件的，可以委托经批准设立的会计咨询、服务机构进行代理记账。大、中型企业、事业单位

和业务主管部门可以设置总会计师。

《会计法》对中央和地方、财政部门和其他业务主管部门之间会计管理范围和管理权限的划分和规定，使我国的会计管理体制以国家立法的形式得以确立，标志着我国政府主导型的会计管理体制逐步完善并步入了法制化的轨道。

五、《会计改革纲要》的发布和会计管理权限的进一步明确

80年代以后，随着经济体制改革的逐步深入，要求对会计工作进行全面的改革，以促进会计管理工作的全面发展。

1990年11月，在财政部主持召开的第三次全国会计工作会议暨全国会计工作先进集体和先进会计工作者表彰大会上，重点研究了会计改革问题，会上讨论了财政部经过多年酝酿研究提出的《会计改革纲要（试行）》（讨论稿）。该文件经会议讨论、修改，于1991年7月发布试行。在总结试行经验的基础上，经过1995年全国会计工作会议讨论修改，新的《会计改革和发展纲要》于1996年颁发施行。《纲要》明确提出新时期会计改革的总体目标是：建立适应社会主义市场经济发展要求的会计体系。提出：适应转变政府职能要求，在会计事务的宏观管理中，逐步实现以会计法规为主体，法律、行政、经济手段并用，有利于改善和加强宏观调控，同时可以发挥地方、部门、基层核算单位积极性和创造性的管理体制。随着《纲要》的实施，适应经济体制改革进一步深入和建立社会主义市场经济体制的要求，在政府机构改革中，会计管理体制也不断得到改革和完善。

适应建立社会主义市场经济体制的需要，为进一步深化会计核算制度改革，1996年1月，财政部制发了《关于深化企业会计核算制度改革、实施会计准则的意见》。这一文件的第三部分"组织领导和分工协调"规定：根据《会计法》规定的会计管理体制和"统一领导，分级管理"的原则，各级财政部门和国务院业务主管部门应当加强对会计准则和行业会计核算制度实施工作的组织领导，做到合理分工，并搞好协调。文件明确：财政部统一管理全国的会计核算工作，具体负责：（1）统一制订会计核算制度改革的总体方案，指导会计准则和行业会计核算制度的实施工作；（2）统一制定并解释会计准则和行业会计核算制度；（3）统一组织会计准则和行业会计核算制度的实施；（4）统一制定培训规划和培训要求，统一编写培训教材；（5）对各地区、各部门组织实施会计准则和行业会计核算制度的情况和效果进行监察和考核；（6）对各地区、各部门制定的有关补充规定和实施办法进行审查和批准。

关于地方财政部门的管理范围和权限，明确规定：各省、自治区和直辖市财政厅

（局）按照法定权限和财政部的统一要求，负责管理本地区会计准则和行业会计核算制度的实施工作。并对各项具体工作的职责、权限作了规定。

关于各部门的管理权限，文件规定：国务院各业务主管部门、中国人民解放军总后勤部按照法定权限和财政部的统一要求，管理本部门的会计核算工作。同时，也对各部门有关具体工作的职责、权限等作了明确的规定。这些规定虽然主要是针对会计准则和会计核算制度的管理，但所体现精神同样适用于其他会计管理工作。可以说，这一规定对我国新时期会计管理体制作出了明确、完整、系统的规定，标志着适应社会主义市场经济需要的会计管理体制的成熟。

六、两次政府机构改革对政府会计管理职能的调整

根据国务院机构改革方案，将财政部的会计事务管理司改称为会计司。主要职责是：管理全国会计工作，拟订或制定全国性的会计法律、规章、制度、规划，组织和会计管理人员的业务培训，负责全国会计职称管理工作。

在老河口市、襄樊市进行设立会计局试点的基础上，湖北、河南、河北、山东、山西等地也纷纷进行了设立会计局的试点。到1998年底，全国设立会计局167家。尽管各地会计局的管理体制、内部机构设置等有所不同，但其管理范围、管理方式等大同小异。管理范围基本上包括会计人员管理、会计制度管理、会计电算化管理、其他会计事务管理等；在对会计人员的管理方式上，前期大都采取"间接管理"方式，即会计人员的调动、任免、业绩考核、专业技术资格的评审等由会计局统一管理，工资福利、晋职晋级、人事档案由各部门自行管理，会计局协调配合。近两年，在实行会计委派制度试点的一些地区，会计局对一些委派的会计人员实行了直接管理的方式。

设立会计局，是深化会计事务管理工作改革的一个大胆尝试。这样做有三条好处：一是随着机构的建立，力量进一步充实，职责进一步拓宽；二是各级领导更加重视会计工作，提高了会计的社会地位；三是可以更好地为会计人员服务，为各单位做好会计工作服务。

会计委派制度的试点。进入90年代以后，特别是在1995年朱镕基副总理提出："整顿会计工作秩序的约法三章"以后，为适应经济体制改革，整顿会计工作秩序，加强党风廉政建设的需要，不少地方进行了以会计人员委派制为主要形式的会计人员管理体制的改革试点。

这项改革试点最早在湖北省利川市（对国有企业委派会计人员）、江苏省苏州市的用

直镇（对集体企业委派会计主管）以及深圳市、上海市（对大型国有企业委派财务总监）展开。经过试点，会计委派工作取得了明显的成效，引起了各级党、政部门的高度重视。在 1998 年、1999 年召开的中纪委全会上，作为反腐倡廉、标本兼治的措施之一，中纪委正式提出试行会计人员委派制。此后，各地区纷纷组织试点。据不完全统计，截止 1998 年底，全国共有 105 个地级区（市）、414 个县（市）进行了会计委派制的试点，直接或间接委派会计人员达 14472 人。

从试点的情况看，会计委派制的主要形式有：一是直接管理形式，二是委派财务总监的形式，三是委派主管会计的形式，四是财会集中制形式（也称为"零户统管"形式），五是乡镇集体企业会计主管人员委派形式，六是对农村集体经济组织实行账目集中核算管理，七是企业集团内部由集团（或总公司）向下属企业委派会计人员的形式。

会计委派制试点的效果，主要体现在：一是强化了国有资产和财务管理，有效地防止了国有资产和集体资产的流失；二是为从源头上制止铺张浪费、贪污腐败和官僚主义提供了可能，推动了党风廉政建设和社会风气的好转；三是稳定了会计队伍，提高了会计人员的素质；四是提高了会计基础工作水平，规范了会计工作秩序；五是加强了会计监督，提高了会计信息的质量；六是会计管理工作得到重视，会计管理队伍得到充实。

应该肯定，设立会计局的探索和进行会计委派制的试点，都是进一步改革和完善我国政府主导型会计管理体制的有益尝试。

第四节　会计管理体制创新与会计信息质量

提高会计信息的质量问题一直是会计理论中关注的一个问题，因为其对于企业的经营管理产生了重要的影响。本节对于会计管理体制进行了简单的介绍，对其具有的特征进行了分析，并且在此基础上提出了对其创新能够提高会计信息质量的观点，指出了科学的、规范的会计管理体制对于企业的会计信息的质量的提高的重大影响作用。

一、会计信息质量特征

可靠性。这种性质的前提是真实，真实性是其真正的标志。只有会计信息本身是真实的，才能够正确的指导使用者作出决定，而正确性以及中立性则是它的一种辅助性的标志。

相关性。所谓相关性，指的是会计信息可以指导使用者根据其作出相关的决策，并且由于会计信息的不同做出的决策之间也存在着差异。

可理解性。所谓的可理解性就是指财务报告中所提供的信息，要能够尽可能的简洁、清晰、明白，这样才能够便于人们的理解，且使用起来变得更加的方便。

可比性。这要求在同一个企业中的不同时间、或者是不同的企业之间的各个方面的信息能够进行对比的衡量。

二、会计管理体制组成

作为一种制度来看，会计管理体制由正式的约束、不正式的约束以及实施机制等三个部分组成。

首先，作为会计管理体制的一个不是正式的约束的部分来看，企业的管理层、会计、以及审计的职业人员的职业道德的建设都是不能被忽视的一个环节。在我国，社会经济生活中有很多方面都是使用非正式的约束进行维持的，人们生活的大部分约束都是由非正式的约束进行的。但是由于非正式约束本身还存在着一定的局限性，因此如果没有正式的约束，那么成本的实施就会变得很难，从而使得一些较为复杂的交换难以发生。

其次，作为正式约束的一个较为核心的部分，对于会计信息质量管理的法律、法规的建设任务还比较艰难。这些正式的约束中，有着企业内部的一些与此相关的制度，还包含着企业在外部的环境受到的制约。

由于会计管理机制的存在，人们才能够以此为基准进行实施性的决策。在实际的应用中，判断一个国家的会计管理机制是否是完备的，不仅要关注这个国家的正式的、以及非正式的会计法规，判断其是否是合理的、完备的，更加重视的是关注有没有相应的实施机制。任何完善的法律，如果没有一个较为健全的实施机制作为支撑，那么都是如同虚设的存在的。历史上，很多情况下都并不是没有法律可以作为支撑，而是没有建立起与完善的法律法规进行匹配的实施机制。我国目前还没有较为完善的相应的实施机制，因此要想真正的达到切实的对于法律法规进行落实，是一件十分不容易的事情。

三、对其进行创新影响

会计对于企业的管理层进行契约履行有着很重要的意义，是其中重要的手段以及工具。会计机构作为企业的一个职能部门来看，是受到企业的管理层的委托来进行会计工作的，其工作的主要目的就是为企业进行服务。会计管理体制的创新能够直接的影响企业内部的会计信息质量的完善，从而影响经济的发展，因此有着很重要的意义。

（一）完善会计信息内容

因为企业的会计管理体制是相对于其内部的经济活动进行的，因此其中会计管理体制是整个会计信息管理过程中的一个重要的基础。对会计管理体制进行创新性改进，能够直接的使得会计信息内容更加的完备，从而促进企业的经济发展。我国很多企业的治理结构没有发挥应有的效果，除了制度上的问题之外，此外还缺乏支持有效决策以及有效行动的相关信息，这些信息通常是企业管理的自我调控系统提供的。

企业的治理结构必须能够很好地解决好两个方面的问题：首先是企业的各个相关的利益主体需要什么样的财务会计信息来帮助他们作出相应的决策，进而能够进行更好地管理，这就需要会计信息内容更加的准确。另一个方面就是建立一个合理的、有效地会计信息的传送系统，这样才能够保证企业的财务会计信息能够及时的、准确的满足企业的各个利益相关者的需求。因此，对于会计的管理体制进行创新性改革，必须要在政府的帮助下完成，政府对于企业的会计活动作出明确的、较为完备的会计法规的体系，从而对于企业的会计活动作出整改。其次，还需要对于制定的规则进行明确的规定，保证企业能够执行相关的规则，在这样的基础上来对企业的会计活动进行外部的制约限制，充分的发挥出税收法规体系在财务会计信息的生产过程中提供的约束。

（二）改进会计信息失真

目前，会计信息还存在着失真的问题，其中一部分原因就是与税收制度是不完全匹配的，并且存在着不完善、不健全的问题，正是这些问题导致了会计信息的失真。因此应该采取一些创新措施来对这种现象进行改善。在企业受到的外部约束中，法律环境的约束是很关键的一个约束，而其中税务环境约束尤其重要。税务的规则与企业的财务会计之间有一定的关系，使得其对于企业的经营者有着较大的影响，因此税务环境主要是企业的会计行为的一个重要的外部环境。在我国，目前税务的规则的实施机制处于一个较为弱化的环境中，税务的实施机制还处于一种比较弱化的地位。首先，税务的规则主要是由人来进行组织实施的，而有些税务的稽查人员其本身的素质不高，甚至根本就没有经历过正规的学习，对于会计知识处于不懂的状态。有些人只经过了中专等较为低层次的会计学习，难以达到税务稽查人员的工作需要，难以把相关的工作做好。除此之外，还有一些稽查人员存在着经济效益与成本进行比较分析的一个问题，如果他们严格的按照要求进行纳税，那么虽然可以保证国家的税务收入的增加，但是却不一定能够达到稽查的人员希望的结果。因此，要想改变税务这一块的问题，应该采取的创新方式就是改变税务的稽查人员的经济行为的目标模式，这就需要对相关的制度进行创新性的改进，在加大税务征管的同时，强化对税的稽查的监控情况。

我国的会计信息质量现在有一些比较严重的问题，比如信息的真实性难以保证的问题，追根究底主要是我国的会计管理体制存在着一定的问题。本节首先介绍了会计信息质量的特征，然后在对会计管理体制组成进行了介绍了的基础上，提出了其存在的问题所在，并且针对这些问题提出了相应的创新措施，这些措施能够对于提升会计信息质量起到很大的作用。

第八章　当代会计管理的实践研究

第一节　会计货币资金管理

一、货币资金

（一）货币资金的内容

货币资金是企业经营过程中以货币形态存在的资产，是企业资产的重要组成部分，也是企业资产中流动性较强的一种资产。任何企业要进行生产经营活动都必须拥有货币资金，持有货币资金是进行生产经营活动的基本条件。货币资金作为支付手段。可用于支付各项费用、清偿各种债务及购买其他资产，因而具有普遍的可接受性。根据货币资金的存放地点及其用途的不同，货币资金分为现金、银行存款、其他货币资金。就会计核算而言，货币资金的核算并不复杂，但由于货币资金具有高度的流动性，因而在组织会计核算过程中，加强货币资金的管理和控制是至关重要的。

（二）货币资金的控制

货币资金是企业资产中流动性较强的资产，加强对其管理和控制，对于保障企业资产安全完整、提高货币资金周转和使用效益具有重要的意义。加强对货币资金的控制，应当结合企业生产经营特点，制定相应的控制制度并监督实施。一般说来，货币资金的管理和控制应当遵循如下原则：

（1）严格职责分工。将涉及货币资金不相容的职责分由不同的人员担任，形成严密的内部牵制制度，以减少和降低货币资金管理上舞弊的可能性。

（2）实行交易分开。将现金支出业务和现金收入业务分开进行处理，防止将现金收入直接用于现金支出的坐支行为。

（3）实行内部稽核。设置内部稽核单位和人员，建立内部稽核制度，以加强对货币资金管理的监督，及时发现货币资金管理中存在的问题，改进对货币资金的管理控制。

（4）实施定期轮岗制度。对涉及货币资金管理和控制的业务人员实行定期轮换岗位。通过轮换岗位，减少货币资金管理和控制中产生舞弊的可能性，并及时发现有关人员的舞弊行为。

二、现金

（一）现金的概念及范围

现金是货币资金的重要组成部分，作为通用的支付手段，也是对其他资产进行计量的一般尺度和会计处理的基础。它具有不受任何契约的限制、可以随时使用的特点。可以随时用其购买所需的物资，支付有关的费用，偿还债务，也可以随时存入银行。由于现金是流动性最强的一种货币资金，企业必须对现金进行严格的管理和控制，使现金能在经营过程中合理通畅地流转，提高现金使用效益，保护现金安全。

现金有狭义的概念和广义的概念之分。狭义的现金仅指库存现金，包括人民币现金和外币现金。我国会计实务中定义的现金即为狭义的现金，而很多西方国家较多地采用了广义的现金概念。广义的现金除库存现金外，还包括银行存款，也包括其他符合现金定义、可以普遍接受的流通中的票证，如个人支票、旅行支票、银行汇票、银行本票、邮政汇票等。但下列各项不应列为现金：

（1）企业为取得更高收益而持有的金融市场的各种基金、存款证以及其他类似的短期有价证券，这些项目应列为短期投资。

（2）企业出纳手中持有的邮票、远期支票、被退回或止付的支票、职工借条等。其中，邮票应作为库存办公用品或待摊费用；欠款客户出具的远期支票应作为应收票据；因出票人存款不足而被银行退回或出票人通知银行停止付款的支票，应转为应收账款；职工借条应作为其他应收款。

（3）其他不受企业控制、非日常经营使用的现金。例如，公司债券偿债基金、受托人的存款、专款专储等供特殊用途使用的现金。

（二）现金的内部控制

由于现金是交换和流通手段，又可以当作财富来储蓄，其流动性又最强，因而最容易被挪用或侵占。因此，任何企业都应特别重视现金的管理。现金流动是否合理和恰当，对企业的资金周转和经营成败至关重要。为确保现金的安全与完整，企业必须建立健全现金内部控制制度。而且，由于现金是一项非生产性资产，除存款利息外不能为企业创造任何价值，因此企业的现金在保证日常开支需要的前提下不应持有过多，健全现金内部控制制度有助于企业保持合理的现金存量。

当然，现金内部控制的目的并不是发现差错，而是要减少发生差错、舞弊、欺诈的机会。一个有效的内部控制制度，不允许由单独一个人自始至终地操纵和处理一笔业务的全过程。必须在各自独立的部门之间有明确合理的分工，不允许一个人兼管现金的收入和支付，不允许经管现金的人员兼管现金的账册。内部控制制度在一定程度上起到保护现金资产安全的作用。此外，也可以利用电子计算机监管各项记录的正确性和提高现金收付的工作效率。

健全的现金内部控制制度包括：现金收入控制、现金支出控制和库存现金控制三个部分。

1. 现金收入的内部控制

现金收入主要与销售产品或提供劳务的活动有关，所以应健全销售和应收账款的内部控制制度，作为现金收入内部控制制度的基础。

现金收入控制的目的是要保证全部现金收入都无一遗漏地入账。其基本内容有：

（1）签发现金收款凭证（即收据）与收款应由不同的经办人员负责办理。一般由销售部经办销售业务的人员填制销货发票和收款收据，会计部门出纳员据以收款，其他会计人员据以入账。处理现金收入业务的全过程由不同人员办理，可以确保销货发票金额、收据金额和入账金额完全一致，能达到防止由单独一个人经办可能发生弊端的目的，起到相互牵制的作用。

（2）一切现金收入必须当天入账，尽可能在当天存入银行，不能在当天存入银行的，应该于次日上午送存银行，防止将现金收入直接用于现金支出的"坐支"行为。

（3）一切现金收入都应无一例外地开具收款收据。对收入款有付款单位开给的凭证，会计部门在收到时，仍应开收据给交款人，以分清彼此责任。

（4）建立"收据销号"制度，监督收入款项的入账。即根据开出收据的存根与已入账的收据联，按编号、金额逐张核对，核对无误后予以注销。作废的收据应全联粘贴在存根上。"收据销号"的目的是确保已开出的收据无一遗漏地收到了款项，且现金收入全部入账。

（5）控制收款收据和销货发票的数量和编号。领用收据应由领用人签收领用数量和起讫编号。收据存根由收据保管人收回，回收时要签收，并负责保管。要定期查对尚未使用的空白收据，防止短缺遗失。已使用过的收据和发票应清点、登记、封存和保管，并按规定手续审批后销毁。

（6）对于邮政汇款，在收到时应由两人共同拆封，并专门登记有关来源、金额和收据情况。

（7）企业从开户银行提取现金，应当写明用途，加盖预留银行印签，经开户银行审核后，予以支付现金。

2. 现金支出的内部控制

现金支出控制的目的是要保证不支付任何未经有关主管认可批准付款的款项。现金支出要遵守国家规定的结算制度和现金管理办法。其基本内容有：

（1）支付现金要符合国家规定的现金使用范围。根据国务院颁发的《现金管理暂行条例》的规定，下列几种情况允许企业使用现金结算：①支付职工的工资、津贴；②个人劳务报酬；③支付给个人的科学技术、文化艺术、体育等各项奖金；④向个人收购农副产品或其他物资而支付的款项；⑤各种劳保、福利费用以及国家规定的对个人的其他支出，如支付的各种抚恤金、退休金、社会保险和社会救济支出；⑥出差人员必须随身携带的差旅费；⑦转账结算起点以下（1000元）的零星开支；⑧中国人民银行规定的其他使用现金的范围。

（2）与付款相关的授权、采购、出纳、记账工作应由不同的经办人员负责，不能职责不分，一人兼管。

（3）支票的签发至少要由两人签字或盖章，以相互牵制、互相监督。

（4）任何款项的支付都必须以原始凭证作为依据，由经办人员签字证明，分管主管人员审批，并经有关会计人员审核后，出纳人员方能据以办理付款。

（5）付讫的凭证要盖销"银行付讫"或"现金付讫"章，并定期装订成册，由专人保管，以防付款凭证遭盗窃、窜改和重复报销等情况的发生。

按照上述内部控制的内容，处理现金支出业务应遵照规定的程序进行。

3. 库存现金的内部控制

库存现金控制的目的是要确定合理的库存现金限额，并保证库存现金的安全、完整。其基本内容有：

（1）正确核定库存现金限额，超过限额的现金应及时送存银行。库存现金限额应由开户银行和企业共同根据企业的日常零星开支的数额及距离银行远近等因素确定。企业一般保留三到五天的零用现金，最多不得保留超过 15 天的零用现金。库存现金限额一经确定，超过部分必须在当天或次日上午由企业解交银行。未经银行许可，企业不得擅自坐支现金。确实情况特殊，需坐支现金的，应由企业向银行提交坐支申请，在银行批准的坐支额度内坐支，并按期向银行报告坐支情况。库存现金低于限额时企业可向银行提取现金，补充限额。

（2）出纳人员必须及时登记现金记账，做到日清月结，不得以不符合财务制度和会计凭证手续的"白条"和单据抵充库存现金；不准谎报用途套取现金；不准用银行账户代其他单位和个人存入或支取现金；不准将单位收入的现金以个人名义存储，即"公款私存"；不准保留账外公款，不得设置小金库等。每天营业终了后要核对库存现金和现金日记账的账面余额，发现账实不符，要及时查明原因并予以处理。

（3）内部审计或稽核人员要定期对库存现金进行核查，也可根据需要进行临时抽查。

在实务中，不同企业由于其业务性质、经营规模、人员数量、现金的来源渠道和支出用途等因素不同，其现金控制制度也不尽相同。然而，不同条件下设立内部控制制度应遵循的基本原则是相同的。其基本原则主要体现在两个方面：第一，实施处理现金业务的合理分工，即现金收支业务包括授权、付款、收款和记录等各个环节，应由不同的人员来完成，以便形成严密的内部牵制制度。第二，加强银行对现金收支的控制和监督，即企业应尽可能保持最少量的库存现金，绝大部分现金应存入银行，主要的现金支出都使用支票通过银行办理。这样，不仅可以减少保存大量库存现金的成本和风险，而且银行提供的对账单也为检查现金收支记录的正确性提供了依据。

（三）现金业务的会计处理

为加强对现金的核算，企业应设置"现金"账。"现金"账户借方反映由于现销、提现等而增加的现金，贷方反映由于现购、现金送存银行、发放工资、支付其他费用等而减少的现金。该账户期末借方余额反映企业实际持有的库存现金。

另外，为随时掌握现金收付的动态和库存余额，保证现金的安全，企业必须设置"现金日记账"，按照业务发生的先后顺序逐笔序时登记。每日终了，应根据登记的"现金日记账"结余数与实际库存数进行核对，做到账实相符。月份终了，"现金日记账"的余额必须与"现金"总账的余额核对相符。有外币现金收支业务的单位，应当按照人民币现金、外币现金的币种设置现金账户进行明细核算。

三、银行存款

银行存款是企业存放在银行或其他金融机构的货币资金。依国家有关规定，凡是独立核算的单位都必须在当地银行开设账户。企业在银行开设账户以后，超过限额的现金必须存入银行；除按规定限额保留库存现金外，除了在规定的范围内可以用现金直接支付的款项外，在经营过程中所发生的一切货币收支业务，都必须通过银行存款账户进行结算。

（一）银行存款账户的管理

1. 银行存款账户的类型

正确开立和使用银行账户是做好资金结算工作的基础，企业只有在银行开立了存款账户，才能通过银行同其他单位进行结算，办理资金的收付。

《银行账户管理办法》将企事业单位的存款账户划分为四类，即基本存款账户、一般存款账户、临时存款账户和专用存款账户。

一般企事业单位只能选择一家银行的一个营业机构开立一个基本存款账户，主要用于办理日常的转账结算和现金收付，企事业单位的工资、奖金等现金的支取只能通过该账户办理；企事业单位可在其他银行的一个营业机构开立一个一般存款户，该账户可办理转账结算和存入现金，但不能支取现金；临时存款账户是存款人因临时经营活动需要开立的账户，如临时采购资金等；专用存款账户是企事业单位因特定用途需要开立的账户，如基本建设项目专项资金。

2. 银行存款账户的管理

为了加强对基本存款账户的管理，企事业单位开立基本存款账户实行开户许可证制度，必须凭中国人民银行当地分支机构核发的开户许可证办理。对银行存款账户的管理规定如下：

（1）企事业单位不得为还贷、还债和套取现金而多头开立基本存款账户；

（2）不得出租、出借银行账户；

（3）不得违反规定在异地存款和贷款而开立账户；

（4）任何单位和个人不得将单位的资金以个人名义开立账户存储。

（二）银行结算方式的种类

在我国，企业日常与其他企业或个人的大量的经济业务往来，都是通过银行结算的，银行是社会经济活动中各项资金流转结算的中心。为了保证银行结算业务的正常开展，使社会经济活动中各项资金得以通畅流转，根据《中华人民共和国票据法》《票据管理实施办法》，中国人民银行总行对银行结算办法进行了全面的修改和完善，形成了《支付结算办法》，并于 1997 年 12 月 1 日正式施行。

《支付结算办法》规定，企业目前可以选择使用的票据结算工具主要包括银行汇票、商业汇票、银行本票和支票，可以选择使用的结算方式主要包括汇兑、托收承付和委托收款三种结算方式以及信用卡，另外还有一种国际贸易采用的结算方式，即信用证结算方式。

1. 银行汇票

银行汇票是由出票银行签发的，由其在见票时按照实际结算金额无条件支付给收款人或持票人的票据。银行汇票具有使用灵活、票随人到、兑现性强等特点，适用于先收款后发货或钱货两清的商品交易。单位和个人各种款项结算，均可使用银行汇票。

银行汇票可以用于转账，填明"现金"字样的银行汇票也可以用于支取现金。银行汇票的付款期为 1 个月。超过付款期限提示付款不获付款的，持票人需在票据权利时效内向出票银行做出说明，并提供本人身份证件或单位证明，持银行汇票和解讫通知向出票银行请求付款。丧失的银行汇票，失票人可凭人民法院出具的其享有票据权利的证明向出票银行请示付款或退款。

企业支付购货款等款项时，应向出票银行填写"银行汇票申请书"，填明收款人名称、支付人、申请人、申请日期等事项并签章，签章为其预留银行的印签。银行受理银行汇票申请书，收妥款项后签发银行汇票，并用压数机压印出票金额，然后将银行汇票和解讫通知一并交给汇款人。

申请人取得银行汇票后即可持银行汇票向填明的收款单位办理结算。银行汇票的收款人可以将银行汇票背书转让给他人。背书转让以不超过出票金额的实际结算金额为限，未填写实际结算金额或实际结算金额超过出票金额的银行汇票不得背书转让。

收款企业在收到付款单位送来的银行汇票时，应在出票金额以内，根据实际需要的款项办理结算，并将实际结算金额和多余金额准确清晰地填入银行汇票和解讫通知的有关栏内。银行汇票的实际结算金额低于出票金额的，其多余金额由出票银行退交申请人。收款企业还应填写进账单并在汇票背面"持票人向银行提示付款签章"处签章，签章应与预留银行的印鉴相同，然后，将银行汇票和解讫通知、进账单一并交开户银行办理结算，银行审核无误后，办理转账。

2. 银行本票

银行本票是由银行签发的、承诺自己在见票时无条件支付确定的金额给收款人或者持票人的票据。银行本票由银行签发并保证兑付，而且见票即付，具有信誉高、支付功能强等特点。用银行本票购买材料物资，销货方可以见票付货，购货方可以凭票提货，债权债务双方可以凭票清偿。收款人将本票交存银行，银行即可为其入账。无论单位或个人，在同一票据交换区域都可以使用银行本票支付各种款项。

银行本票分为定额本票和不定额本票：定额本票面值分别为 1000 元、5000 元、10000 元、50000 元。在票面划去转账字样的为现金本票。

银行本票的付款期限为自出票日起最长不超过 2 个月，在付款期内银行本票见票即付；超过提示付款期限不获付款的，在票据权利时效内向出票银行做出说明，并提供本人身份证或单位证明，可持银行本票向银行请求付款。企业支付购货款等款项时，应向银行提交"银行本票申请书"，填明收款人名称、申请人名称、支付金额、申请日期等事项并签章。申请人或收款人为单位的，银行不予签发现金银行本票。出票银行受理银行本票申请书后，收妥款项签发银行本票。不定额银行本票用压数机压印出票金额，出票银行在银行本票上签章后交给申请人。

申请人取得银行本票后，即可向填明的收款单位办理结算。收款单位可以根据需要在票据交换区域内背书转让银行本票。

收款企业在收到银行本票时，应该在提示付款时在本票背面"持票人向银行提示付款签章"处加盖预留银行印鉴，同时填写进账单，连同银行本票一并交开户银行转账。

3. 商业汇票

商业汇票是出票人签发的、委托付款人在指定日期无条件支付确定的金额给收款人或者持票人的票据。在银行开立存款账户的法人以及其他组织之间需具有真实的交易关系或债权债务关系，才能使用商业汇票。商业汇票的付款期限由交易双方商定，但最长不得超过 6 个月。商业发票的提示付款期限自汇票到期日起 10 日内。

存款人领购商业汇票，必须填写"票据和结算凭证领用单"并加盖预留银行印鉴；存款账户结清时，必须将全部剩余空白商业汇票交回银行注销。

商业汇票可以由付款人签发并承兑，也可以由收款人签发交由付款人承兑。定日付款或者出票后定期付款的商业汇票，持票人应当在汇票到期日前向付款人提示承兑；见票后定期付款的汇票，持票人应当自出票日起 1 个月内向付款人提示承兑。汇票未按规定期限提示承兑的，持票人即丧失对其前手的追索权。付款人应当自收到提示承兑的汇票之日起

3 日内承兑或者拒绝承兑。付款人拒绝承兑的，必须出具拒绝承兑的证明。商业汇票可以背书转让。符合条件的商业承兑汇票的持票人可持未到期的商业承兑汇票连同贴现凭证，向银行申请贴现。商业汇票按承兑人不同分为商业承兑汇票和银行承兑汇票两种。

（1）商业承兑汇票。商业承兑汇票是由银行以外的付款人承兑。商业承兑汇票按交易双方约定，由销货企业或购货企业签发，但由购货企业承兑。承兑时，购货企业应在汇票正面记载"承兑"字样和承兑日期并签章。承兑不得附有条件，否则视为拒绝承兑。汇票到期时，购货企业的开户银行凭票将票款划给销货企业或贴现银行。销货企业应在提示付款期限内通过开户银行委托收款或直接向付款人提示付款。对异地委托收款的，销货企业可匡算邮程，提前通过开户银行委托收款。汇票到期时，如果购货企业的存款不足支付票款，开户银行应将汇票退还销货企业，银行不负责付款，由购销双方自行处理。

（2）银行承兑汇票。银行承兑汇票由银行承兑，由在承兑银行开立存款账户的存款人签发。承兑银行按票面金额向出票人收取万分之五的手续费。

购货企业应于汇票到期前将票款足额交存其开户银行，以备由承兑银行在汇票到期日或到期日后的见票当日支付票款。销货企业应在汇票到期时将汇票连同进账单送交开户银行以便转账收款。承兑银行凭汇票将承兑款项无条件转给销货企业，如果购货企业于汇票到期日未能足额交存票款时，承兑银行除凭票向持票人无条件付款外，对出票人尚未支付的汇票金额按照每天万分之五计收罚息。

采用商业汇票结算方式，可以使企业之间的债权债务关系表现为外在的票据，使商业信用票据化，加强约束力，有利于维护和发展社会主义市场经济。对于购货企业来说，由于可以延期付款，可以在资金暂时不足的情况下及时购进材料物资，保证生产经营顺利进行。对于销货企业来说，可以疏通商品渠道，扩大销售，促进生产。汇票经过承兑，信用较高，可以按期收回货款，防止拖欠，在急需资金时，还可以向银行申请贴现，融通资金，比较灵活。销货企业应根据购货企业的资金和信用情况不同，选用商业承兑汇票或银行承兑汇票；购货企业应加强资金的计划管理，调度好货币资金，在汇票到期以前，将票款送存开户银行，保证按期承付。

4. 支票

支票是单位或个人签发的、委托办理支票存款业务的银行在见票时无条件支付确定的金额给收款人或者持票人的票据。

支票结算方式是同城结算中应用比较广泛的一种结算方式。单位和个人在同一票据交换区域的各种款项结算，均可以使用支票。支票由银行统一印制，支票上印有"现金"字样的为现金支票。支票上印有"转账"字样的为转账支票，转账支票只能用于转账。未印有"现金"或"转账"字样的为普通支票，普通支票可以用于支取现金，也可以用于转账。在普通支票左上角划两条平行线的，为划线支票，划线支票只能用于转账，不得支取现金。

支票的提示付款期限为自出票日起 10 日内，中国人民银行另有规定的除外。超过提示付款期限的，持票人开户银行不予受理，付款人不予付款。转账支票可以根据需要在票据交换区域内背书转让。

存款人领购支票，必须填写"票据和结算凭证领用单"并加盖预留银行印鉴。存款账户结清时，必须将全部剩余空白支票交回银行注销。

企业财会部门在签发支票之前，出纳人员应该认真查明银行存款的账面结余数额，防止签发超过存款余额的空头支票。签发空头支票，银行除退票外，还按票面金额处以 5%但不低于 1000 元的罚款。持票人有权要求出票人赔偿支票金额 2%的赔偿金。签发支票时，应使用蓝黑墨水或碳素墨水，将支票上的各要素填写齐全，并在支票上加盖其预留的银行印鉴。出票人预留银行的印鉴是银行审核支票付款的依据。银行也可以与出票人约定使用支付密码，作为银行审核支付支票金额的条件。

5. 信用卡

信用卡是指商业银行向个人和单位发行的，凭以向特约单位购物、消费和向银行存取现金、且具有消费信用的特制载体卡片。

信用卡按使用对象分为单位卡和个人卡；按信誉等级分为金卡和普通卡。凡在中国境内金融机构开立基本存款账户的单位可申领单位卡。单位卡可申领若干张，持卡人资格由申领单位法定代表人或其委托的代理人书面指定和注销，持卡人不得出租或转借信用卡。单位卡账户的资金一律从其基本存款账户转账存入，在使用过程中，需要向其账户续存资金的，也一律从其基本存款账户转账存入，不得交存现金，不得将销货收入的款项存入其账户。单位卡一律不得用于 10 万元以上的商品交易、劳务供应款项的结算，不得支取现金。

信用卡在规定的限额和期限内允许善意透支，关于透支额，金卡最高不得超过 10000元，普通卡最高不得超过 5000 元。透支期限最长为 60 天。透支利息，自签单日或银行记账日起 15 日内按日息万分之五计算；超过 15 日，则按日息万分之十计算；超过 30 日或透支金额超过规定限额的，按日息万分之十五计算。透支计算不分段，按最后期限或者最高透支额的最高利率档次计息。超过规定限额或规定期限，并且经发卡银行催收无效的透支行为称为恶意透支，持卡人使用信用卡不得发生恶意透支。严禁将单位的款项存入个人卡账户中。单位或个人申领信用卡，应按规定填制申请表，连同有关资料一并送交发卡银行。符合条件并按银行要求交存一定金额的备用金后，银行为申领人开立信用卡存款账户，并发给信用卡。

6. 汇兑

汇兑是汇款人委托银行将其款项支付给收款人的结算方式。单位和个人的各种款项的结算，均可使用汇兑结算方式。

汇兑分为信汇、电汇两种。信汇是指汇款人委托银行通过邮寄方式将款项划转给收款人。电汇是指汇款人委托银行通过电报将款项划给收款人。这两种汇兑方式由汇款人根据需要选择使用。汇兑结算方式适用于异地之间的各种款项结算。这种结算方式划拨款项简便、灵活。

企业采用这一结算方式，付款单位汇出款项时，应填写银行印发的汇款凭证，列明收款单位名称、汇款金额及汇款的用途等项目，送达开户银行，委托银行将款项汇往收汇银行。收汇银行将汇款收进单位存款户后，向收款单位发出收款通知。

7. 委托收款

委托收款是收款人委托银行向付款人收取款项的结算方式。无论单位还是个人都可凭已承兑商业汇票、债券、存单等付款人债务证明办理同城或异地款项收取。委托收款还适用于收取电费、电话费等付款人众多且分散的公用事业费等有关款项。

委托收款结算款项划回的方式分为邮寄和电报两种。

企业委托开户银行收款时，应填写银行印制的委托收款凭证和有关的债务证明。在委托收款凭证中写明付款单位名称、收款单位名称、账号及开户银行，委托收款金额的大小写，款项内容，委托收款凭据名称及附寄单证张数等。企业的开户银行受理委托收款后，将委托收款凭证寄交付款单位开户银行，由付款单位开户银行审核，并通知付款单位。

付款单位收到银行交给的委托收款凭证及债务证明，应签收并在3天之内审查债务证明是否真实，是否是本单位的债务，确认之后通知银行付款。

付款单位应在收到委托收款通知的次日起3日内，主动通知银行是否付款。如果不通知银行，银行视同企业同意付款并在第4日，从单位账户中付出此笔委托收款款项。

付款人在3日内审查有关债务证明后，认为债务证明或与此有关的事项符合拒绝付款的规定，应出具拒绝付款理由书和委托收款凭证第五联及持有的债务证明，向银行提出拒绝付款。

8. 托收承付

托收承付是根据购销合同由收款人发货后委托银行向异地付款人收取款项，由付款人向银行承认付款的结算方式。使用托收承付结算方式的收款单位和付款单位，必须是国有企业、供销合作社以及经营管理较好，并经开户银行审查同意的城乡集体所有制工业企业。办理托收承付结算的款项，必须是商品交易，以及因商品交易而产生的劳务供应的款项。代销、寄销、赊销商品的款项，不得办理托收承付结算。

托收承付款项划回方式分为邮寄和电报两种，由收款人根据需要选择使用；收款单位办理托收承付，必须具有商品发出的证件或其他证明。托收承付结算每笔的金额起点为10000元，新华书店系统每笔金额起点为1000元。

采用托收承付结算方式时，购销双方必须签有符合《经济合同法》的购销合同，并在合同上订明使用托收承付结算方式。销货企业按照购销合同发货后，填写托收承付凭证，盖章后连同发运证件（包括铁路、航运、公路等运输部门签发的运单、运单副本和邮局包裹回执）或其他符合托收承付结算的有关证明和交易单证送交开户银行办理托收手续。

销货企业开户银行接受委托后，将托收结算凭证回联退给企业，作为企业进行账务处理的依据，并将其他结算凭证寄往购货单位开户银行，由购货单位开户银行通知购货单位承认付款。

购货企业收到托收承付结算凭证和所附单据后，应立即审核是否符合订货合同的规定。按照《支付结算办法》的规定，承付货款分为验单付款与验货付款两种，这在双方签订合同时约定。验单付款是购货企业根据经济合同对银行转来的托收结算凭证、发票账单、托运单及代垫运杂费等单据进行审查无误后，即可承认付款。为了便于购货企业对凭证的审核和筹措资金，结算办法规定承付期为3天，从付款人开户银行发出承付通知的次日算起（承付期内遇法定休假日顺延）。购货企业在承付期内，未向银行表示拒绝付款，银行即视作承付，并在承付期满的次日（法定休假日顺延）上午银行开始营业时，将款项主动从付款人的账户内付出，按照销货企业指定的划款方式，划给销货企业。验货付款是购货企业待货物运达企业，对其进行检验与合同完全相符后才承认付款。为了满足购货企业组织验货的需要，结算办法规定承付期为10天，从运输部门向购货企业发出提货通知的次日算起。承付期内购货企业未表示拒绝付款的，银行视为同意承付，于10天期满的次日上午银行开始营业时，将款项划给收款人。为满足购货企业组织验货的需要，对收付双方在合同中明确规定，并在托收凭证上注明验货付款期限的，银行从其规定。

对于下列情况，付款人可以在承付期内向银行提出全部或部分拒绝付款：①没有签订购销合同或购销合同未订明托收承付结算方式的款项；②未经双方事先达成协议，收款人提前交货或因逾期交货付款人不再需要该项货物的款项；③未按合同规定的到货地址发货的款项；④代销、寄销、赊销商品的款项；⑤验单付款，发现所列货物的品种、规格、数量、价格与合同规定不符。或货物已到，经查验货物与合同规定或发货清单不符的款项；⑥验货付款，经查验货物与合同规定或与发货清单不符的款项；⑦货款已经支付或计算错误的款项。

不属于上述情况的，购货企业不得提出拒付。

购货企业提出拒绝付款时，必须填写"拒绝付款理由书"，注明拒绝付款理由，涉及合同的应引证合同上的有关条款。属于商品质量问题，需要提出质量问题的证明；属于外贸部门进口商品，应当提出国家商品检验或运输等部门出具的证明，向开户银行办理拒付手续。

银行同意部分或全部拒绝付款的，应在拒绝付款理由书上签注意见，并将拒绝付款理由书、拒付证明、拒付商品清单和有关单证邮寄收款人开户银行转交销货企业。

付款人开户银行对付款人逾期支付的款项，根据逾期付款金额和逾期天数，按每天万分之五计算逾期付款赔偿金。逾期付款天数从承付期满日算起。银行审查拒绝付款期间不算做付款人逾期付款，但对无理的拒绝付款而增加银行审查时间的，从承付期满日起计算逾期付款赔偿金。赔偿金实行定期扣付，每月计算一次，于次月 3 日内单独划给收款人。赔偿金的扣付列为企业销货收入扣款顺序的首位。付款人账户余额不足支付时，应排列在工资之前，并对该账户采取"只收不付"的控制办法，直至足额扣付赔偿金后才准予办理其他款项的支付，由此产生的经济后果由付款人自负。

9. 信用证

信用证结算方式是国际结算的一种主要方式。经中国人民银行批准经营结算业务的商业银行总行以及经商业银行总行批准开办信用证结算业务的分支机构，也可以办理国内企业之间商品交易的信用证结算业务。

采用信用证结算方式的，收款单位收到信用证后，即备货装运，签发有关发票账单，连同运输单据和信用证，送交银行，根据退还的信用证等有关凭证编制收款凭证；付款单位在接到开证行的通知时，根据付款的有关单据编制付款凭证。

企业通过银行办理支付结算时应当认真执行国家各项管理办法和结算制度。中国人民银行颁布的《支付结算办法》规定：

（1）单位和个人办理结算，不准签发没有资金保证的票据或远期支票，套取银行信用；

（2）不得签发、取得或转让没有真实交易和债权债务的票据，套取银行和他人的资金；

（3）不准无理拒绝付款，任意占用他人资金；

（4）不准违反规定开立和使用账户。

（三）银行存款业务的会计处理

为正确核算银行存款，企业应按开户银行和其他金融机构、存款种类等，分别设置"银行存款日记账"，由出纳人员根据收付款凭证，按照业务的发生顺序逐笔登记，每日终了应结出余额。该账户借方反映由于销售、收回款项、现金送存银行等而增加的银行存款，贷方反映由于购货、支付款项、提现等而减少的银行存款；期末借方余额，反映企业实际存在银行或其他金融机构的款项。月末"银行存款日记账"账面余额应与"银行存款"总账余额核对相符。有外币存款的企业，应分别为人民币和各种外币设置"银行存款日记账"进行明细核算。

"银行存款日记账"应定期与"银行对账单"核对。至少每月核对一次。月度终了，企业银行存款日记账账面余额与银行对账单余额之间如有差额，必须逐笔查明原因进行处理。并按月编制"银行存款余额调节表"调节相符。企业应加强对银行存款的管理，并定期对银行存款进行检查。如果有确凿证据表明存在银行或其他金融机构的款项已经部分不能收回，或者全部不能收回，如吸收存款的单位已宣告破产，其破产财产不足以清偿的部分，或者全部不能清偿的，应当作为当期损失，记入"营业外支出"科目。

（四）银行存款余额的调节

企业每月应将银行存款日记账余额与银行对账单余额进行核对，以检查企业银行存款记录的正确性。

1. 银行存款余额差异的原因

企业银行存款日记账余额与银行对账单余额往往不一致，造成差异的原因是多方面的，主要有：

（1）银行或企业的某一方或双方漏记某一项或几项交易；

（2）银行或企业的某一方或双方记账错误；

（3）存在未达账项。

未达账项是指由于企业与银行取得凭证的时间不同，导致记账时间不一致发生的一方已取得结算凭证且登记入账，而另一方由于尚未取得结算凭证尚未入账的款项。未达账项一般有四种情况：

1）企业已收款入账而银行尚未入账的款项，即企业已收，银行未收。如企业销售产品收到支票，送存银行后即可根据银行盖章退回的"进账单"回单联登记银行存款的增加，但由于银行尚未办妥兑收手续而未入账。在这种情况下，若不考虑其他因素，则企业"银行日记账"余额要大于"银行对账单"余额。

2）企业已付款入账而银行尚未入账的款项，即企业已付，银行未付。如企业开出支票支付购料款，企业根据支票存根、发票等凭证登记银行存款的减少，而银行由于收款人尚未持票向银行兑取而未入账。在这种情况下，若不考虑其他因素，则企业"银行存款日记账"余额要小于"银行对账单"余额。

3）银行已收款入账而企业尚未入账的款项，即银行已收，企业未收。如银行已收妥企业托收的款项，已登记企业银行存款增加，企业由于尚未收到银行的收款通知而未入账，或已收到银行的收账通知但未及时入账。在这种情况下，若不考虑其他因素，则企业"银行存款日记账"余额小于"银行对账单"余额。

4）银行已付款入账而企业尚未入账的款项，即银行已付，企业未付。如银行代企业直接支付的各种费用，银行已作为企业存款的减少入账，但企业尚未接到凭证而未入账，或已收到凭证但尚未及时入账。在这种情况下，若不考虑其他因素，则企业"银行存款日记账"余额要大于"银行对账单"余额。

2. 银行存款余额调节表的编制

企业银行存款日记账余额与银行对账单余额的差异，可通过编制银行存款余额调节表进行调节，并通过核对调节后余额是否一致，进一步检查企业银行存款记录的正确性，保证账实相符。

银行存款余额调节表有两种格式：一种格式是以企业银行存款日记账余额（或银行对账单余额）为起点，加减调整项目，调整到银行对账单余额（或企业银行存款日记账余额）；另一种格式是分别以企业银行存款日记账余额和银行对账单余额为起点。加减各自的调整项目，分别得出两个调节后的余额。在会计实务中较多地采用了后一种格式。

如果调节后的银行存款日记账余额与银行对账单余额相符，一般表明双方记账正确（但也不排除存在差错的可能性，如两个差错刚好互相抵消，对余额没有影响）。如果调节后的余额还是有差异，则在已调整了全部未达账项情况下，表明记账有错误，应进一步查找并予以更正；否则，依然存在未调整的未达账项或记账错误。

3. 银行存款余额调节后的账务处理

对造成银行存款日记账与银行对账单余额差异的各项因素，应根据具体情况进行不同的处理。

（1）记账错误的处理。企业通过编制银行存款余额调节表发现的银行记账错误，应及时通知银行，予以更正；对于发现的自身记账错误，应根据错误类型采用划线更正法、红字更正法或补充登记法及时编制调整分录并登记入账。

（2）未达账项的处理。按照国际惯例，对于银行已入账，企业未入账的未达账项，应编制调整分录并登记入账。

我国现行会计实务对未达账项的处理与上述国际惯例完全不同。我国现行会计制度规定，对于未达账项不能以银行存款余额调节表作为原始凭证，据以调整银行存款账面记录。只有等到有关结算凭证到达企业时，才能据以进行相应的账务处理，且在下一月度应关注上月银行的未达账项是否及时入账。这一做法虽简化了会计核算，防止重复记账，但不利于财务状况的公允表达。因此，

参照国际惯例，我国会计实务对未达账项的处理可做如下适当调整：

（1）月末不做账务处理，但对其中重大未达账项应在报表附注中加以披露；

（2）月末先将企业未记录的未达账项登记入账，下月初再将其转回，等收到有关凭证后再做正常处理。

第二节　会计固定资产管理

一、固定资产概述

（一）固定资产的概念及特征

固定资产是指使用期限较长、单位价值较高，并且在使用过程中保持原有实物形态的资产。固定资产具有以下一些基本特征：①预计使用年限超过一年或长于一年的一个经营周期，且在使用过程中保持原来的物质形态不变；②用于生产经营活动而不是为了出售；③价值补偿与实物更新相分离。在固定资产的使用过程中，其价值通过折旧逐渐转移出去，但其物质实体却通常并不同时减损，只有在其不能或不宜继续使用时，才对其进行更新处置。

《国际会计准则第 16 号——不动产、厂场和设备》对固定资产做出定义：固定资产指符合下列各项规定的有形资产：①企业所有的用于生产或供应产品和劳务的有形资产，包括为了出租给他人，或为了管理上使用的，还包括为了维修这些资产而持有的其他项目；②为可连续使用而购置或建造的；③不打算在正常营业过程中出售的。对符合上述标准的资产的租用权，在某些情况下也可以作为固定资产处理。

新修订的《国际会计准则第 16 号》对固定资产的定义是：固定资产，指具有下列特征的有形资产：①预计用于生产、提供商品或劳务、出租或为了行政管理目的而拥有的；②预计使用期限超过一个会计期间。

我国的《企业会计准则——固定资产》对固定资产做出定义：固定资产是指同时具有以下特征的有形资产：①为生产商品、提供劳务、出租或经营管理而持有的；②使用年限超过一年；③单位价值较高。

企业中固定资产的判定标准通常有两项：①使用期限在一年以上；②单位价值在一定标准以上。我国企业会计制度规定："固定资产是指使用期限超过一年的房屋、建筑物、机器、机械、运输工具以及其他与生产、经营有关的设备、器具、工具等。不属于生产、经营主要设备的物品，单位价值在 2000 元以上，并且使用期限超过两年的，也应当作为固定资产。企业应当根据企业会计制度及有关规定，结合本单位的具体情况，如经营规模、业务范围的不同，制定适合于本企业的固定资产目录、分类方法、每类或每项固定资产的折旧年限、折旧方法，作为进行固定资产核算的依据。企业制定的固定资产目录、分类方法、每类或每项固定资产的预计使用年限、预计净残值、折旧方法等，应当编制成册，并按照管理权限，经股东大会或董事会，或经理（厂长）会议或类似机构批准，按照法律、行政法规的规定报送有关各方备案，同时备置于企业所在地，以供投资者等有关各方查阅。

我国《企业会计准则——固定资产》规定：固定资产在同时满足以下两个条件时，才能加以确认：①该固定资产包含的经济利益很可能流入企业；②该固定资产的成本能够可靠地计量。企业在对固定资产进行确认时，应当按照固定资产的定义和确认条件，考虑企业的具体情形加以判断。企业的环保设备和安全设备等资产，虽然不能直接为企业带来经济利益，却有助于企业从相关资产获得经济利益，也应当确认为固定资产，但这类资产与相关资产的账面价值之和不能超过这两类资产可收回金额总额。固定资产的各组成部分，如果各自具有不同的使用寿命或者以不同的方式为企业提供经济利益，从而适用不同的折旧率或折旧方法的，应当单独确认为固定资产。

（二）固定资产的分类

企业的固定资产种类繁多，用途各异，在经营活动中起着不同的作用。对固定资产进行合理的分类，有利于加强对固定资产的管理，并提高其使用效率；有利于正确核算固定资产的价值，合理计算折旧及相关费用。

1. 按经济用途分类

生产经营用固定资产，指直接参与企业生产过程或直接为生产服务的固定资产，如机器、厂房、设备、工具、器具等。

非生产经营用固定资产，指不直接在生产中使用的固定资产，如食堂、宿舍、文教卫生等职工福利方面的建筑物、设备等。

按经济用途分类有利于反映和监督企业各类固定资产之间的组成和变化情况，便于考核固定资产的利用现状，更合理地进行固定资产的配备，充分发挥其效用。

2. 按所有权分类

自有固定资产：企业对该类固定资产享有占有权、处置权，可供长期使用，是企业全部资产的重要构成部分。

租入固定资产：企业通过支付租金取得使用权的固定资产，其租入方式又分为经营性租入和融资性租入两类。经营性租入的固定资产一般在备查簿中登记，而融资租入的固定资产应作为资产入账，在日常使用中为与自有资产相区别，需单独设立明细账进行核算。

3. 按使用情况分类

（1）使用中的固定资产，指处于使用过程中的经营性和非经营性固定资产，包括在使用或因季节性生产和修理等原因暂时停止使用的固定资产，以及供替换使用的机器设备等。

（2）未使用固定资产，指尚未使用的新增固定资产，调入尚待安装的固定资产，进行改建、扩建的固定资产以及批准停止使用的固定资产。

（3）不需用固定资产，指不适用于本企业，准备处理的固定资产。

（4）租出固定资产，指企业以收取租金的方式租给外单位使用的固定资产。租出固定资产也属于使用中的固定资产。

4. 按固定资产的经济用途和使用情况综合分类

（1）生产经营用固定资产。

（2）非生产经营用固定资产。

（3）出租固定资产，指在经营性租赁方式下租给外单位使用的固定资产。

（4）不需用固定资产。

（5）未使用固定资产。

（6）土地，是指过去已经估价单独入账的土地。因征地而支付的补偿费，
应计入与土地有关的房屋、建筑物的价值内，不单独作为土地价值入账。企业取得的
土地使用权不能作为固定资产管理。

（7）融资租入固定资产，指企业以融资租赁方式租入的固定资产，在租赁期内，应视
同自有固定资产进行管理。

不同企业应根据实际需要选择适合本单位的分类标准，对固定资产进行分类，制定固
定资产目录。

（三）固定资产的计价

1. 固定资产的计价方法

固定资产的计价主要有以下三种方法：

（1）按原始价值计价，又称按历史成本计价，是指按购建某项固定资产达到可使用状
态前所发生的一切合理必要的支出作为入账价值。由于这种计价方法有相应的凭证为依
据，具有客观性和可验证性的特点，因此成为固定资产的基本计价标准。当然，这种方法
具有不可避免的缺点，当会计环境尤其是通货膨胀率和资本成本率较大时，这种方法无法
真实反映资产的价值。正因为如此，有人主张以现时重置成本来代替历史成本作为固定资
产的计价依据。但是，由于现时重置成本也是经常变化的，具体操作也相当复杂，因此，
我国会计制度仍然采用历史成本来对固定资产进行计价。

（2）按重置价值计价，又称按重置完全价值计价，按现时重置成本计价，即按现有的
生产能力、技术标准，重新购置同样的固定资产所需要付出的代价作为资产的入账价值。

（3）按折余价值计价，是指按固定资产原始价值或重置完全价值减去已计提折旧后的
净额作为入账价值。它可以反映企业占用在固定资产上的资金数量和固定资产的新旧
程度。

2. 固定资产价值的构成

固定资产在取得时，应按取得时的成本入账。取得时的成本包括买价、进口关税、运
输和保险等相关费用，以及为使固定资产达到预定可使用状态前所必要的支出。《国际会
计准则第 16 号——不动产、厂场和设备》规定：固定资产项目的成本包括其买价、进口

关税和不能返还的购货税款以及为使这项资产达到预定使用状态所需要支付的直接可归属成本。计算买价时，应扣除一切商业折扣和回扣。直接可归属成本的项目有以下各项：①场地整理费；②初始运输和装卸费；③安装费用；④专业人员（如建筑师、工程师）服务费；⑤估计资产拆卸搬移费及场地清理费，这些费用的确认应以《国际会计准则第23号——准备、或有负债和或有资产》所确认的准备为限。

固定资产取得时的成本应当根据具体情况分别确定：

（1）购入的不需要经过建造过程即可使用的固定资产，按实际支付的买价、包装费、运输费、安装成本、交纳的有关税金等，作为入账价值。从国外进口的固定资产，其原始成本还应包括按规定支付的关税等。

（2）自行建造的固定资产，按建造该项资产达到预定可使用状态前所发生的全部支出作为入账价值，包括资本化的借款费用。

（3）投资者投入的固定资产，按投资各方确认的价值，作为入账价值。

（4）融资租入的固定资产，按租赁开始日租赁资产的原账面价值与最低租赁付款额的现值两者中较低者作为入账价值。如果融资租赁资产占企业资产总额比例等于或小于30%的，在租赁开始日，企业也可按最低租赁付款额，作为固定资产的入账价值。最低租赁付款额，是指在租赁期内，承租人应支付或可能要求支付的各种款项（不包括或有租金和履约成本），加上由承租人或与其有关的第三方担保的资产余值；若预计承租人将会在租赁期满以某价格购买此固定资产，则还包括该买价。

（5）在原有固定资产的基础上进行改建、扩建的，按原固定资产的账面价值，加上由于改建、扩建而使该项资产达到预定可使用状态前发生的支出，减去改建、扩建过程中发生的变价收入，作为入账价值。

（6）企业接受的债务人以非现金资产抵偿债务方式取得的固定资产，或以应收债权换入固定资产的，按应收债权的账面价值加上应支付的相关税费作为入账价值。涉及补价的，按以下规定确定受让的固定资产的入账价值：

1）收到补价的，按应收债权的账面价值减去补价，加上应支付的相关税费，作为入账价值。

2）支付补价的，按应收债权的账面价值加上支付的补价和应支付的相关税费，作为入账价值。

（7）以非货币性交易换入的固定资产，按换出资产的账面价值加上应支付的相关税费，作为入账价值。涉及补价的，按以下规定确定换入固定资产的入账价值：

1）收到补价的，按换出资产的账面价值加上应确认的收益和应支付的相关税费减去补价后的余额，作为入账价值；

应确认的收益＝补价×（换出资产的公允价值－换出资产的账面价值）÷换出资产的公允价值

2）支付补价的，按换出资产的账面价值加上应支付的相关税费和补价，作为入账价值。

（8）接受捐赠的固定资产，应按以下规定确定其入账价值：

1）捐赠方提供了有关凭据的，按凭据上标明的金额加上应支付的相关税费，作为入账价值。

2）捐赠方没有提供有关凭据的，按如下顺序确定其入账价值：同类或类似固定资产存在活跃市场的，按同类或类似固定资产的市场价格估计的金额，加上应支付的相关税费，作为入账价值；同类或类似固定资产不存在活跃市场的，按该接受捐赠的固定资产的预计未来现金流量现值，作为入账价值。

3）如受赠的系旧的固定资产，按照上述方法确定的价值，减去按该项资产的新旧程度估计的价值损耗后的余额，作为入账价值。

（9）盘盈的固定资产，按同类或类似固定资产的市场价格，减去按该项资产的新旧程度估计的价值损耗后的余额，作为入账价值。

（10）经批准无偿调入的固定资产，按调出单位的账面价值加上发生的运输费、安装费等相关费用，作为入账价值。

此外，还要注意以下四点：

1）在固定资产的入账价值中，应当包括企业为取得固定资产而缴纳的契税、耕地占用税、车辆购置税等相关税费；

2）企业为购进固定资产所支付的增值税不能作为进项税额予以抵扣，应将所支付的增值税额计入所购进固定资产的成本之中；

3）企业购置计算机硬件所附带的、未单独计价的软件，与所购置的计算机硬件一并作为固定资产管理；

4）已达到预定可使用状态但尚未办理竣工决算手续的固定资产，可先按估计价值记账，待确定实际价值后，再进行调整。

3. 有关固定资产计价的两个问题

（1）关于固定资产借款费用的处理。专为购建固定资产而借入的款项所发生的借款费用（包括利息、折价或溢价的摊销和辅助费用以及因外币借款而发生的汇兑差额）是否应计入固定资产成本，是固定资产计价的重要问题。《企业会计准则——借款费用》做了如下规定：

1）以下三个条件同时具备时，因专门借款而发生的利息折价或溢价的摊销和汇兑差额应当开始资本化：①资本支出已经发生；②借款费用已经发生；③为使资产达到预定可使用状态所必要的构建活动已经开始。

资本支出只包括购建固定资产而以支付现金、转移非现金资产或者承担带息债务形式发生的支出。

2）如果固定资产的购建活动发生正常中断，并且中断时间连续超过 3 个月，应当暂停借款费用的资本化，将其确认为当期费用，直至资产的购建活动重新开始。但如果中断是使购建的固定资产达到预定可使用状态所必要的程序，则借款费用的资本化应当继续进行。

3）当所购建固定资产达到预定可使用状态时，应当停止其借款费用的资本化；以后发生的借款费用应当于发生当期确认为费用。

（2）关于固定资产价值的调整：固定资产的价值确定并入账以后，一般不得进行调整，但是在一些特殊情况下对已入账的固定资产的价值也可进行调整。这些情况包括：

1）根据国家规定对固定资产价值重新估价；

2）增加补充设备或改良装置；

3）将固定资产的一部分拆除；

4）根据实际价值调整原来的暂估价值；

5）发现原记固定资产价值有错误。

二、固定资产的取得

企业拥有固定资产规模的大小和质量高低，直接影响其生产能力及盈利能力。固定资产所占用的资金在企业总资金中占有的比例较大，且周转期长，合理有效地控制固定资产占用的资金对整个企业资金的周转、使用具有重要意义。企业对固定资产的需求量，取决于现有的生产规模、生产能力、企业产品在市场上的竞争能力和现代化程度等因素，特别是直接参与生产的机器设备，更应随生产任务、使用效率等的变化而做相应的调整。所以，企业是否要新增固定资产，采用何种方式增加，应权衡投资效益再做选择，以确保固定资产发挥最佳的效用。企业一旦决定增加固定资产投资，就面临选择何种投资方法的问题。

固定资产增加的方式多种多样，主要有购入、自建自制、接受投资、无偿调入、接受捐赠、融资租入、接受抵债、非货币性交易换入、盘盈、改建扩建等方式。

为核算企业的固定资产，设置"固定资产"账户，该账户反映企业固定资产的原价。其借方发生额，反映企业增加的固定资产的原价；其贷方发生额，反映企业减少的固定资产的原价；期末借方余额，反映企业期末固定资产的账面原价。企业应当设置"固定资产登记簿"和"固定资产卡片"，按固定资产类别、使用部门和每项固定资产进行明细核算。临时租入的固定资产。应当另设备查簿进行登记，不在本科目核算。

（一）购入固定资产

购入不需要安装的固定资产，借记"固定资产"，按实际支付（含应支付，下同）的价款，贷记"银行存款"等；购入需要安装的固定资产，先记入"在建工程"，安装完毕交付使用时再转入"固定资产"科目。

（二）投资者投入固定资产

企业对接受投资者作价投入的固定资产，按投资各方确认的价值，借记"固定资产"科目；按投资方拥有被投资方的股权，贷记"实收资本"科目；按其差额，贷记"资本公积"科目。

（三）无偿调入固定资产

企业按照有关规定并报经有关部门批准无偿调入的固定资产，按调出单位的账面价值加上新的安装成本、包装费、运杂费等，作为调入固定资产的入账价值。企业调入需要安装的固定资产，按调入固定资产的原账面价值以及发生的包装费、运杂费等，借记"在建工程"等科目；按调入固定资产的原账面价值，贷记"资本公积——无偿调入固定资产"科目；按所发生的支出，贷记"银行存款"等科目；发生的安装费用，借记"在建工程"等科目，贷记"银行存款""应付工资"等科目。工程达到可使用状态时，按工程的实际成本，借记"固定资产"科目，贷记"在建工程"科目。

（四）接受捐赠固定资产

接受捐赠的固定资产，按确定的入账价值，借记"固定资产"科目；按未来应交的所得税，贷记"递延税款"科目；按确定的入账价值减去未来应交所得税后的余额，贷记"资本公积"科目；按应支付的相关税费，贷记"银行存款"等科目。

外商投资企业接受捐赠的固定资产，按确定的入账价值，借记"固定资产"科目；按应计入待转资产价值的金额，贷记"待转资产价值"科目；按应支付的相关税费，贷记"银行存款"等科目。

（五）租入固定资产

企业在生产经营过程中，由于生产经营的临时性或季节性需要，或出于融资等方面的考虑，对于生产经营所需的固定资产可以采用租赁的方式取得。租赁按其性质和形式的不同可分为经营租赁和融资租赁两种。融资租赁，是指实质上转移与资产所有权有关的全部风险和报酬的租赁。经营租赁，是指融资租赁以外的租赁。

1. 以经营租赁方式租入

采用经营租赁方式租入的资产，主要是为了解决生产经营的季节性、临时性的需要，并不是长期拥有，租赁期限相对较短；资产的所有权与租赁资产相关的风险和报酬仍归属出租方，企业只是在租赁期内拥有资产的使用权；租赁期满，企业将资产退还给出租方。

企业对以经营租赁方式租入的固定资产，不作为本企业的资产入账，当然也无须计提折旧。

2. 融资租入

融资租入的固定资产，应当单设明细科目进行核算。企业应在租赁开始日，按租赁开始日租赁资产的原账面价值与最低租赁付款额的现值两者中较低者作为入账价值，借记"固定资产"科目；按最低租赁付款额，贷记"长期应付款——应付融资租赁款"科目；按其差额，借记"未确认融资费用"科目。租赁期满，如合同规定将设备所有权转归承租企业，应进行转账，将固定资产从"融资租入固定资产"明细科目转入有关明细科目。

（六）接受抵债固定资产

企业接受的债务人以非现金资产抵偿债务方式取得的固定资产，或以应收债权换入固定资产的，按应收债权的账面余额，贷记"应收账款"等科目，按该项应收债权已计提的坏账准备，借记"坏账准备"科目，按应支付的相关税费，贷记"银行存款""应交税金"等科目，按下式计算的固定资产入账价值，借记"固定资产"科目：

收到补价的，固定资产入账价值=应收债权的账面价值+应支付的相关税费—补价

支付补价的，固定资产入账价值=应收债权的账面价值+应支付的相关税费+补价

三、固定资产的自建与自制

自建、自制固定资产，是指企业自己建造房屋、其他建筑物及各种机器设备等。当企业有能力建造，或者当某项资产的建造成本明显低于其外构成本时，企业往往会选择自己施工筹建的方式取得该资产，以减少相应的费用开支，如自行建造房屋、自制特殊需要的车床等。自行建造固定资产按是否由本企业组织施工人员施工，分为自营工程和出包工程；前者由本企业组织施工人员进行施工，而后者则是将工程项目发包给建造商，由建造商组织施工。

（一）自营工程

1. 自行建造固定资产入账价值的确定

企业自行建造的固定资产（亦称在建工程），应按建造过程中所发生的全部支出确定其价值，包括所消耗的材料、人工、其他费用和缴纳的有关税金等，作为入账价值。设备安装工程，应把设备的价值包括在内。

工程达到预定可使用状态前因进行试运转所发生的净支出，计入工程成本。企业的在建工程项目在达到预定可使用状态前所取得的试运转过程中形成的能够对外销售的产品，其发生的成本，计入在建工程成本，销售或转为库存商品时，按实际销售收入或按预计售价冲减工程成本。

盘盈、盘亏、报废、毁损的工程物资，减去保险公司过失人赔偿部分后的差额，工程项目尚未完工的，计入或冲减所建工程项目的成本；工程已经完工的，计入当期营业外收支。在建工程发生单项或单位工程报废或毁损，减去残料价值和过失人或保险公司等赔款后的净损失，计入继续施工的工程成本；如为非常原因造成的报废或毁损，或在建工程项目全部报废或毁损，应将净损失直接计入当期营业外支出。

企业应当定期或者至少于每年年度终了，对在建工程进行全面检查，如果有证据表明在建工程已经发生了减值，应当计提减值准备。存在下列一项或若干项情况的，应当计提在建工程减值准备：①长期停建并且预计在未来 3 年内不会重新开工的在建工程；②所建项目无论在性能上，还是在技术上已经落后，并且给企业带来的经济利益具有很大的不确定性；③其他足以证明在建工程已经发生减值的情形。

所建造的固定资产已达到预定可使用状态，但尚未办理竣工决算的，应当自达到预定可使用状态之日起，根据工程预算造价或者工程实际成本等，按估计的价值转入固定资产，并按本制度关于计提固定资产折旧的规定，计提固定资产的折旧。待办理了竣工决算手续后再做调整。

2. 会计处理

为了对企业自行建造固定资产进行全面准确的核算，设置"工程物资""在建工程""在建工程减值准备"账户。

（1）工程物资。企业为在建工程准备的各种物资，应当按照实际支付的买价、增值税额、运输费、保险费等相关费用，作为实际成本，并按照各种专项物资的种类进行明细核算。企业的工程物资，包括为工程准备的材料、尚未交付安装的需要安装设备的实际成本，以及预付大型设备款和基本建设期间根据项目概算购入为生产准备的工具及器具等的实际成本。企业购入不需要安装的设备，应当在"固定资产"科目核算，不在本科目核算。

本科目应当设置以下明细科目：①专用材料；②专用设备；③预付大型设备款；④为生产准备的工具及器具。

企业购入为工程准备的物资，应按实际成本和专用发票上注明的增值税额，借记本科目（专用材料、专用设备），贷记"银行存款""应付账款""应付票据"等。企业为购置大型设备而预付款时，借记本科目（预付大型设备款），贷记"银行存款"；收到设备并补付设备价款时，按设备的实际成本，借记本科目（专用设备），按预付的价款，贷记本科目（预付大型设备款），按补付的价款，贷记"银行存款"等。工程领用工程物资，借记"在建工程"，贷记本科目（专用材料等）；工程完工后对领出的剩余工程物资应当办理退库手续，并做相反的账务处理。工程完工，将为生产准备的工具及器具交付生产使用时，应按实际成本，借记"低值易耗品"，贷记本科目（为生产准备的工具及器具）。工程完工后剩余的工程物资，如转作本企业存货的，按原材料的实际成本或计划成本，借记"原材料"，按可抵扣的增值税进项税额，借记"应交税金——应交增值税（进项税额）"，按转入存货的剩余工程物资的账面余额，贷记本科目；如工程完工后剩余的工程物资对外出售的，应先结转工程物资的进项税额，借记"应交税金——应交增值税（进项税额）"，贷记本科目，出售时，应确认收入并结转相应的成本。

（2）在建工程。本科目核算企业进行基建工程、安装工程、技术改造工程、大修理工程等发生的实际支出，包括需要安装设备的价值。企业根据项目概算购入不需要安装的固定资产、为生产准备的工具器具、购入的无形资产及发生的不属于工程支出的其他费用等，不在本科目核算。本科目的期末借方余额，反映企业尚未完工的基建工程发生的各项实际支出。

本科目应当设置以下明细科目：①建筑工程；②安装工程；③在安装设备；④技术改造工程；⑤大修理工程；⑥其他支出。

企业自营的基建工程，领用工程用材料物资时，应按实际成本，借记本科目（建筑工程、安装工程等——××工程），贷记"工程物资"；基建工程领用本企业原材料的，应按原材料的实际成本加上不能抵扣的增值税进项税额，借记本科目（建筑工程、安装工程等——××工程），按原材料的实际成本或计划成本，贷记"原材料"，按不能抵扣的增值税进项税额，贷记"应交税金——应交增值税（进项税额转出）"。采用计划成本进行材料日常核算的企业，还应当分摊材料成本差异。基建工程领用本企业的商品产品时，按商品产品的实际成本（或进价）或计划成本（或售价）加上应交的相关税费，借记本科目（建筑工程、安装工程——××工程），按应交的相关税费，贷记"应交税金——应交增值税（销项税额）"等，按库存商品的实际成本（或进价）或计划成本（或售价），贷记"库存商品"。库存商品采用计划成本或售价的企业，还应当分摊成本差异或商品进销差价。基建工程应负担的职工工资，借记本科目（建筑工程、安装工程——××工程），贷记"应付工资"。企业的辅助生产部门为工程提供的水、电、设备安装、修理、运输等劳务，应按月根据实际成本，借记本科目（建筑工程、安装工程等——××工程），贷记"生产成本——辅助生产成本"等。

基建工程发生的工程管理费、征地费、可行性研究费、临时设施费、公证费、监理费等，借记本科目（其他支出），贷记"银行存款"等；基建工程应负担的税金，借记本科目（其他支出），贷记"银行存款"等。

由于自然灾害等原因造成的单项工程或单位工程报废或毁损，减去残料价值和过失人或保险公司等赔款后的净损失，报经批准后计入继续施工的工程成本，借记本科目（其他支出）科目，贷记本科目（建筑工程、安装工程等——××工程）；如为非正常原因造成的报废或毁损，或在建工程项目全部报废或毁损，应将其净损失直接计入当期营业外支出。工程物资在建设期间发生的盘亏、报废及毁损，其处置损失，报经批准后，借记本科目，贷记"工程物资"；盘盈的工程物资或处置收益，做相反的账务处理。

基建工程达到预定可使用状态前进行负荷联合试车发生的费用，借记本科目（其他支出），贷记"银行存款""库存商品"等；获得的试车收入或按预计售价将能对外销售的产品转为库存商品的，做相反账务处理。

基建工程完工后应当进行清理，已领出的剩余材料应当办理退库手续，借记"工程物资"，贷记本科目。

　　基建工程完工交付使用时，企业应当计算各项交付使用固定资产的成本，编制交付使用固定资产明细表。

　　企业应当设置"在建工程其他支出备查簿"，专门登记基建项目发生的构成项目概算内容但不通过"在建工程"科目核算的其他支出，包括按照建设项目概算内容购置的不需要安装设备、现成房屋、无形资产以及发生的递延费用等。企业在发生上述支出时，应当通过"固定资产""无形资产"和"长期待摊费用"科目核算。但同时应在"在建工程——其他支出备查簿"中进行登记。

　　（3）在建工程减值准备。为核算企业的在建工程减值准备，设置"在建工程减值准备"科目。企业发生在建工程减值时，借记"营业外支出——计提的在建工程减值准备"，贷记本科目；如已计提减值准备的在建工程价值又得以恢复，应在原已提减值准备的范围内转回，借记本科目，贷记"营业外支出——计提的在建工程减值准备"。本科目期末贷方余额，反映企业已提取的在建工程减值准备。

（二）出包工程

　　企业采用出包方式进行的自制、自建固定资产工程，"在建工程"账户实际上成为企业与承包单位的结算账户，企业将与承包单位结算的工程价款作为工程成本，通过"在建工程"账户进行核算。

　　企业发包的基建工程，应于按合同规定向承包企业预付工程款、备料款时，按实际支付的价款，借记"在建工程"科目（建筑工程、安装工程等——××工程），贷记"银行存款"科目；以拨付给承包企业的材料抵作预付备料款的，应按工程物资的实际成本，借记"在建工程"科目（建筑工程、安装工程等——×工程），贷记"工程物资"科目；将需要安装设备交付承包企业进行安装时，应按设备的成本，借记"在建工程"科目（在安装设备），贷记"工程物资"科目；与承包企业办理工程价款结算时，补付的工程款，借记"在建工程"科目（建筑工程、安装工程等——××工程），贷记"银行存款"等科目。

第三节　会计无形资产管理

一、无形资产概述

（一）无形资产的定义及其特点

　　无形资产。是指企业为生产商品或者提供劳务、出租给他人、或为管理目的持有的没有实物形态的非货币性长期资产。无形资产包括专利权、非专利技术、商标权、著作权、土地使用权、商誉等，它们或者表明企业所拥有的一种特殊权力，或者直接体现为帮助企业取得高于一般水平的收益。

《企业会计准则——无形资产》规定：无形资产可分为可辨认无形资产和不可辨认无形资产。可辨认无形资产包括专利权、非专利技术、商标权、著作权、土地使用权、特许权等，不可辨认无形资产是指商誉。

目前，国际上对无形资产的界定不完全一致。《国际会计准则第 38 号——无形资产》规定，无形资产指为用于商品或劳务的生产或供应、出租给其他单位、或为管理目的而持有的没有实物形态的可辨认无形资产。英国《财务报告准则第 10 号——商誉和无形资产》认为，无形资产指不具实物形态、可辨认、企业可控制的非金融性长期资产。美国正在对无形资产会计处理准则进行修订，所公布的征求意见稿认为，无形资产是指无实物形态的非流动资产（不包括金融资产），包括商誉。不难看出我国的无形资产概念与国际会计准则和英国会计准则中的无形资产概念存在一定差别，表现在我国的无形资产概念包括商誉。与美国征求意见稿中的无形资产概念相比，我国的无形资产概念与之基本一致。

无形资产具有下列特点：

1. 无实体性

无形资产一般是由法律或契约关系所赋予的权利，它没有实物形态，看不见摸不着，但其作用可以感觉得到。在某些高科技领域，无形资产往往显得更为重要。没有实物形态的资产不一定都是无形资产，如应收账款，所以不能单靠有无物质实体作为判断是否是无形资产的唯一标志，但无形资产一定是没有实物形态的。

需要指出的是，某些无形资产的存在有赖于实物载体。比如，计算机软件需要存储在磁盘中。但这并没有改变无形资产本身不具有实物形态的特性。

2. 未来效益的不确定性

无形资产能为企业带来长期效益，但它所能提供的未来经济效益具有很大的不确定性。如企业拥有一项专利权，它使企业在某项技术上拥有独占使用权，从而获得超过同类其他企业的经济利益。但是一旦有一项新的技术出现，它可以远远领先于企业的专利技术，那么企业来自该项专利的经济利益可能减少，甚至消失。无形资产的价值仅局限于特定的企业，在一个企业有用的无形资产不一定在其他企业拥有。并且也很难将无形资产的价值与特定的收入及特定的时间相联系，其不确定性远远超过其他资产。

3. 非独立性

大多数的无形资产不能与企业或企业的有形资产相分离，只有与其他有形资产相结合，在企业生产经营中才能发挥作用。一个企业不可能只有无形资产，企业在未来取得的收益也很难区分是无形资产创造的还是有形资产创造的，通常是两者共同作用的结果。

4. 非流动性

无形资产能为企业连续提供一年以上的服务或利益，其成本不能在短期内得到充分补偿。企业持有无形资产的目的不是为了出售而是为了生产经营，即利用无形资产来提供商品、提供劳务出租给他人，或为企业经营管理服务。软件公司开发的用于对外销售的计算机软件，对于购买方而言属于无形资产，而对于开发商而言却是存货。

（二）无形资产的分类

无形资产可以按以下不同的标志进行分类：

1. 按可否辨认，无形资产可分为可辨认无形资产和不可辨认无形资产

可辨认无形资产是指那些具有相对独立性，可以个别地取得，或作为组成资产的一部分取得，或作为整个企业的一部分取得，可以单独转让或出售的无形资产，如特许权。但也存在特殊情况，即，虽然企业将其出售还需处置同一获利活动中的其他资产，该无形资产仍可能是可辨认的。比如，与地上附着物一同购入的土地使用权。

不可辨认无形资产是指那些不具有独立性，不能与企业整体或某项资产分离，不能单独取得和转让或出售的无形资产，最典型的就是商誉。

2. 按不同的来源，无形资产可分为外部取得的无形资产和内部的无形资产

外购的无形资产是指从其他单位或个人购进的，或连同企业一并购进的，如外购的专利权、商誉等。

自创的无形资产是指企业自行研制开发并申请成功的无形资产，如自制的商标权、专利权等。

3. 按有无固定使用年限，无形资产可分为有固定使用年限的无形资产和无常固定使用年限的无形资产

有固定使用年限的是指法律或合约规定有使用年限的无形资产，如特许权。无固定使用年限的是指法律和合约无法规定使用年限的无形资产，如商誉。

（三）无形资产的确认

《企业会计准则——无形资产》规定：无形资产在满足以下两个条件时，企业才能加以确：

第一，该资产产生的经济利益很可能流入企业；

第二，该资产的成本能够可靠地计量。

某个项目要想确认为无形资产，首先必须符合无形资产的定义，其次还要符合以上两项条件。

1. 符合无形资产的定义

符合无形资产定义的重要表现之一，就是企业能够控制该无形资产产生的经济利益。这虽是企业一般资产所具有的特征，但对于无形资产来说，显得尤其重要。如果没有通过法定方式或合约方式认定企业所拥有的控制权，则说明相关的项目不符合无形资产的定义。比如，一支熟练的员工队伍、特定的管理或技术、一定的客户或市场份额，除非它们的利用及其未来能给企业带来的经济利益受到法定权利的保护，否则不应认为企业对其有足够的控制，因此也不能将它们认定为该企业的无形资产。

2. 产生的经济利益很可能流入企业

作为企业的无形资产，必须具备产生的经济利益很可能流入企业这项基本条件。实务中，要确定无形资产创造的经济利益是否很可能流入企业，需要实施职业判断。在判断无形资产产生的经济利益是否可能流入企业时，企业管理部门应对无形资产在预计使用年限内存在的各种因素做出稳健的估计。

3. 成本能够可靠地计量

成本能够可靠地计量是资产确认的一项基本条件。对于无形资产来说，这个条件显得十分重要。企业自创商誉符合无形资产的定义，但自创商誉过程中发生的支出却难以计量，因而不能作为企业的无形资产予以确认。又比如，一些高科技企业的科技人才，假定其与企业签订了服务合同，且合同规定其在一定期限内不能为其他企业提供服务。在这种情况下，虽然这些科技人才的知识在规定的期限内预期能够为企业创造经济利益，但由于这些技术人才的知识难以辨认，加之为形成这些知识所发生的支出难以计量，从而不能作为企业的无形资产加以确认。

国际会计准则和其他国家或地区会计准则对无形资产确认都予以特别关注。《国际会计准则第 38 号》指出，企业将某项目确认为无形资产时，应能够证明该项目符合无形资产的定义，并同时符合以下条件：第一，归属于该资产的未来经济利益很可能流入企业；第二，该资产的成本能够可靠地计量。《国际会计准则第 38 号》特别强调，企业应使用合理并有证据的假定评价未来经济利益流入的可能性，这些假定应代表企业的管理层对资产使用寿命内将存在的一系列经济状况的最好估计。

在英国的会计实务中，对商誉和无形资产的确认所遵循的是英国会计准则委员会于1999年12月发布的原则公告。该公告指出，如果一项交易或其他事项产生了一项新资产或一项新负债，或导致一项现存资产或负债的增加，那么这种影响应在同时符合以下条件时予以确认：第一，存在表明新资产或负债已经产生的证据，或存在表明已增加现存资产或负债的证据；第二，新资产或负债或在现存资产或负债基础上增加的部分，能够以货币金额可靠地计量。

美国会计准则中没有关于专门确认无形资产的规定，相关的关于财务报表要素的确认原则如下：第一，符合定义，即要符合财务报表某一要素的定义；第二，可计量性，即具有一个相关的可计量属性，足以可靠地计量；第三，相关性，即有关信息在用户的决策中有重要作用；第四，可靠性，即信息是真实的可核实的无偏向的。

从形式上看，国际会计准则、英国会计准则及美国会计准则对无形资产确认条件存在一些不同，但从本质上看，它们并无实质上的区别。我国的会计准则与国际会计准则基本一致。

二、无形资产的核算

（一）无形资产的增加

1. 无形资产的计价

企业的无形资产在取得时，应按取得时的实际成本计量。取得时的实际成本应按以下规定确定：

（1）购入的无形资产，按实际支付的价款作为实际成本。国际会计准则、英国会计准则、美国会计准则对于购入的无形资产，都规定确认时按成本计量。但是，如果采用赊购的方法且延期支付的期限较长时，则规定对购入的无形资产通过折现的方法进行初始计量。

（2）投资者投入的无形资产，按投资各方确认的价值作为实际成本。但是，为首次发行股票而接受投资者投入的无形资产，应按该项无形资产在投资方的账面价值作为实际成本。

（3）企业接受的债务人以非现金资产抵偿债务方式取得的无形资产，或以应收债权换入无形资产的，按应收债权的账面价值加上应支付相关税费，作为实际成本。

（4）接受捐赠的无形资产，应按以下规定确定其实际成本：①捐赠方提供了有关凭据的，按凭据上标明的金额加上应支付的相关税费，作为实际成本。②捐赠方没有提供有关凭据的，按如下顺序确定其实际成本：同类或类似无形资产存在活跃市场的，按同类或类似无形资产的市场价格估计的金额，加上应支付的相关税费，作为实际成本；同类或类似无形资产不存在活跃市场的，按该接受捐赠的无形资产的预计未来现金流量现值，作为实际成本。

（5）自行开发并按法律程序申请取得的无形资产，按依法取得时发生的注册费、聘请律师费等费用，作为无形资产的实际成本。在研究与开发过程中发生的材料费用、直接参与开发人员的工资及福利费、开发过程中发生的租金、借款费用等，直接计入当期损益。

已经计入各期费用的研究与开发费用，在该项无形资产获得成功并依法申请取得权利时，不得再将原已计入费用的研究与开发费用资本化。

（6）企业购入的土地使用权，或以支付土地出让金方式取得的土地使用权，按照实际支付的价款作为实际成本，并作为无形资产核算；待该项土地开发时再将其账面价值转入相关在建工程（房地产开发企业将需开发的土地使用权账面价值转入存货项目）。

2. 会计处理

为核算企业的无形资产，设置"无形资产"科目。本科目应按无形资产类别设置明细账，进行明细核算。本科目的期末借方余额，反映企业已入账但尚未摊销的无形资产的摊余价值。企业自创的商誉，以及未满足无形资产确认条件的其他项目，不能作为企业的无形资产，不在本科目内反映。具体的账务处理如下：

（1）接受捐赠的无形资产，按确定的实际成本，借记"无形资产"，按未来应交的所得税，贷记"递延税款"，按确定的价值减去未来应交所得税后的差额，贷记"资本公积"，按应支付的相关税费，贷记"银行存款""应交税金"等。

（2）自行开发并按法律程序申请取得的无形资产，按依法取得时发生的注册费、聘请律师费等费用，借记"无形资产"，贷记"银行存款"等。企业在研究与开发过程中发生的材料费用、直接参与开发人员的工资及福利费、开发过程中发生的租金、借款费用等，直接计入当期损益，借记"管理费用"，贷记"银行存款"等。

（3）企业通过非货币性交易取得的无形资产，比照以非货币性交易取得的固定资产的相关规定进行处理。

（二）无形资产的后续支出

无形资产的后续支出，是指无形资产入账后，为确保该无形资产能够给企业带来预定的经济利益而发生的支出，比如相关的宣传活动支出。由于这些支出仅是为了确保已确认的无形资产能够为企业带来预定的经济利益，因而应在发生当期确认为费用。

《国际会计准则第 38 号》指出，无形资产后续支出应在发生时确认为费用，除非满足以下条件：第一，该支出很可能使资产产生超过原来预定绩效水平的未来经济利益；第二，该支出能够可靠地计量和分摊至该资产。同时指出，商标、刊头、报刊名、客户名单和实质上类似的项目（不论是外部购入的还是内部产生的）所发生的后续支出，只能确认为费用，以避免确认自创商誉。

《英国财务报告准则第 10 号》没有特别提及无形资产后续支出。美国会计准则也没有特别就无形资产后续支出如何处理提供指南，在实务处理中，对于可辨认无形资产，允许资本化的后续支出通常仅限于那些能够延长无形资产使用寿命的支出。

（三）无形资产的摊销

无形资产应当自取得当月起在预计使用年限内分期平均摊销，计入损益。如预计使用年限超过了相关合同规定的受益年限或法律规定的有效年限，该无形资产的摊销年限按如下原则确定：

（1）合同规定受益年限但法律没有规定有效年限的，摊销年限不应超过合同规定的受益年限；

（2）合同没有规定受益年限但法律规定有效年限的，摊销年限不应超过法律规定的有效年限；

（3）合同规定了受益年限，法律也规定了有效年限的，摊销年限不应超过受益年限和有效年限二者之中较短者；

（4）如果合同没有规定受益年限，法律也没有规定有效年限的，摊销年限不应超过10 年。

摊销无形资产价值时，借记"管理费用——无形资产摊销"，贷记"无形资产"。

无形资产应否摊销以及如何摊销，在国际上素有争论。以下是国际会计准则及美国、英国的会计准则中的一些观点：

1. 无形资产应否摊销

国际会计准则要求将无形资产按系统方法予以摊销。

英国财务报告准则虽然主张对无形资产进行摊销，但同时对那些被认为具有无限使用寿命的商誉或无形资产不要求进行摊销。

美国会计准则要求对包括商誉在内的无形资产进行摊销。不过，值得注意的是，美国会计准则委员会正在对涉及无形资产的公认会计原则进行修订，最新的建议认为，商誉不应予以摊销，替而代之的是定期对其进行减值测试。

2. 摊销年限

《国际会计准则第 38 号》指出，无形资产的应折旧金额应在其使用寿命的最佳估计期限内系统地摊销。同时指出，只有在极少情况下，才可能存在令人信服的证据表明某项无形资产的使用寿命是长于 20 年的特定期间；一般情况下，无形资产的使用寿命不超过 20 年。

3. 摊销方法

《国际会计准则第 38 号》认为，企业用于摊销无形资产的方法应反映消耗该无形资产的方式，比如直线法、余额递减法和生产总量法等。但是，有时企业并不能很好地确定其消耗无形资产所内含的经济利益的方式。对此，国际会计准则认为，应采用直线法。英国会计准则与国际会计准则的规定基本一致。美国会计准则没有硬性地规定企业应采用直线法或是其他方法来摊销无形资产。

4. 残值

《国际会计准则第 38 号》认为，无形资产的残值应假定为零，除非其符合以下任何一项条件：第一，由第三方承诺在无形资产使用寿命结束时购买该无形资产；第二，该无形资产存在活跃市场，其残值可以根据该市场信息确定，并且这种市场在该无形资产的使用寿命末很可能存在。

《英国财务报告准则第 10 号》认为，会计实务中，无形资产的残值通常是不大的；只有出现以下情况时，残值才可能是较大的：第一，在无形资产使用期限结束时依据合约权力可以收到一定数量的金额；第二，对残值存在一项易于确定的市场价值。为此，该公告指出，在摊销无形资产时，只有当残值可以可靠地计量时，才能考虑残值因素。对商誉而言，无残值可言。我国会计准则认为，在进行无形资产摊销时不应考虑残值因素，即认为是零。

（四）无形资产的减值

企业应当定期或者至少于每年年度终了，检查各项无形资产预计给企业带来未来经济利益的能力，对预计可收回金额低于其账面价值的，应当计提减值准备。当存在下列一项或若干项情况时，应当计提无形资产减值准备：

（1）某项无形资产已被其他新技术等所替代，使其为企业创造经济利益的能力受到重大不利影响；

（2）某项无形资产的市价在当期大幅下跌，在剩余摊销年限内预期不会恢复；

（3）某项无形资产已超过法律保护期限，但仍然具有部分使用价值；

（4）其他足以证明某项无形资产实质上已经发生了减值的情形。

当存在下列一项或若干项情况时，应当将该项无形资产的账面价值全部转入当期损益，借记"管理费用"，贷记"无形资产"：

（1）某项无形资产已被其他新技术等所替代，并且该项无形资产已无使用价值和转让价值；

（2）某项无形资产已超过法律保护期限，并且已不能为企业带来经济利益；

（3）其他足以证明某项无形资产已经丧失了使用价值和转让价值的情形。

为核算企业计提的无形资产减值准备，设置"无形资产减值准备"科目，该科目应按单项无形资产计提减值准备。期末，企业所持有的无形资产的账面价值高于其可收回金额的，应按其差额，借记"营业外支出——计提的无形资产减值准备"，贷记"无形资产减值准备"；如已计提减值准备的无形资产价值又得以恢复，应按已计提减值准备的范围内转回，借记"无形资产减值准备"，贷记"营业外支出——计提的无形资产减值准备"。本科目期末贷方余额，反映企业已提取的无形资产减值准备。

《国际会计准则第38号》没有直接对减值进行定义，而是对减值损失做了界定，即：减值损失是指资产的账面价值超过其可收回金额的金额。其中，资产的账面价值指资产负债表内确认的资产的金额减去相关累计摊销额和累计减值损失后的余额。

《英国财务报告准则第10号》指出，减值指固定资产包括有形固定资产和无形固定资产或商誉的可收回金额低于其账面价值引起的价值减少。

《美国会计准则公告第121号——长期资产减值与待处置长期资产的会计处理》指出，如果企业预期从长期资产的使用和最终处置获得的未折现的未来现金流量低于其账面价值，则说明该长期资产发生了减值。

从上述内容可以看出，尽管国际会计准则和英国会计准则对资产减值现象的描述有些不同，但实质却是一样的，而美国会计准则则有些不同。

（五）无形资产的处置和报废

企业出售无形资产，按实际取得的转让收入，借记"银行存款"等，按该项无形资产已计提的减值准备，借记"无形资产减值准备"，按无形资产的账面余额，贷记"无形资产"，按应支付的相关税费，贷记"银行存款""应交税金"等，按其差额，贷记"营业外收入——出售无形资产收益"或借记"营业外支出——出售无形资产损失"。

企业出租无形资产所取得的租金收入，借记"银行存款"等，贷记"其他业务收入"

等；结转出租无形资产的成本时，借记"其他业务支出"，贷记"无形资产"。

企业用无形资产向外投资，比照非货币性交易的规定处理。

若预计某项无形资产已经不能给企业带来未来经济利益，应当将该项无形资产的账面价值全部转入管理费用。

《企业会计准则——无形资产》规定，企业在判断无形资产是否预期不能为企业带来经济利益时，应根据以下几项加以判断：第一，该无形资产是否已被其他新技术等所替代，且已不能为企业带来经济利益；第二，该无形资产是否不再受法律的保护，且不能给企业带来经济利益。

第四节 会计负债及所有者权益管理

一、流动负债

（一）负债的含义

负债是指过去的交易、事项形成的现实义务，履行该义务预期会导致经济利益流出企业。负债的这个含义包含以下三层含义：

（1）负债是一项经济责任，或者说是一项义务，它需要企业进行偿还。例如，应付账款、应付票据及应付债券等，是典型意义上的负债；销售商应履行的在出售商品时订立的保证契约的责任，服务行业根据合同预收服务费后在规定的未来期限内提供服务的责任等。

（2）清偿负债会导致企业未来经济利益的流出。负债最终都需要清偿，清偿的方式有很多种，大多数负债在将来需以现金支付清偿。也有一些负债则要求企业提供一定的商品或劳务来进行抵偿，如预收收入、售出商品的保证债务等。另外，有些负债项目到期时，还可能用新的负债项目来替代。例如，用短期应付票据替代应付账款，用新债券赎回旧债券等。无论用何种方式清偿。都会导致企业未来经济利益的流出。

（3）负债是企业过去的交易、事项的一种后果，也就是说负债所代表的当前经济责任必须是企业过去发生的经济业务所引起的。不具有这一特征的预约协议等，都不能作为负债。例如，购货预约，它只是买卖双方就将来要进行的商品交易达成的协议，交易业务目前尚未实际发生，故并不构成当前债务责任。

（二）流动负债的性质及计价

我国《企业会计准则》对流动负债的定义为"流动负债是指将在一年（含一年）或超过一年的一个营业周期内偿还的债务，包括短期借款、应付票据、应付账款、预收账款、应付工资、应付福利费、应付股利、应交税金、其他暂收应付款项、预提费用和一年内到期的长期负债等"。

流动负债的基本特征就是偿还期较短。它是企业筹集短期资金的主要来源。将流动负债与流动资产相比较，是判断和评估公司短期偿债能力的重要方法之一。所以，凡属一年或超过一年的一个营业周期内必须清偿的债务，在资产负债表上都必须列为流动负债，不论它最初是流动负债还是长期负债。

流动负债代表着企业未来的现金流出，从理论上说，应按照未来应付金额的贴现来计价。但是，流动负债涉及的期限一般较短，其到期值与其贴现值相差无几。为了简便起见，会计实务中一般都是按实际发生额入账。短期借款、带息的应付票据、短期应付债券应当按照借款本金和债券面值，按照确定的利率按期计算利息，计入当期的财务费用之中，体现为当期损益。

（三）流动负债的分类

流动负债可以按不同的分类标准进行不同的划分。为了进一步认识流动负债的性质和特征，本节对流动负债按下列三种标志进行分类。

1. 按偿付手段划分

流动负债可以分为用货币资金偿还的流动负债和用商品或劳务偿付的流动负债两类：

（1）用货币资金偿还的流动负债。此类流动负债的特点是债务到期时，企业须动用现金、银行存款或其他货币资金来偿还，如应付账款、应付票据、短期借款、应付工资、应交税金等。绝大部分的流动负债都属于此类。

（2）用商品或劳务偿付的流动负债。此类流动负债的特点是债务到期时，企业需动用商品来偿还，或用劳务来抵付。主要是指预收的一些货物或劳务款项、售出产品的质量担保债务等。如预收款项、预计负债。

2. 按应付金额可确定的程度划分

流动负债可划分为可确定性流动负债和不可确定性流动负债即或有负债：

（1）可确定的流动负债。负债是企业承担的现实义务，需要企业将来进行偿还。未来的事项都带有一定的不确定性，但不确定性的程度不同。可确定性流动负债是指不确定性很小，可以较为可靠地计量。其特点是债务的偿还到期日、应付金额等都是有契约或法律规定的。如应付账款、应付票据、长期债务中的流动部分、应付工资、应付福利费、存入保证金（押金）、预收收入及其他应付（暂收）款等。

（2）或有负债。或有负债即不可确定性流动负债，是指过去的交易和事项形成的潜在义务，其存在须通过未来不确定事项的发生或不发生予以证实，或过去的交易或事项形成的现实义务，履行该义务不是很可能导致经济利益流出企业或该义务的金额不能可靠地计量。其特点是这种负债虽确已存在，但没有确切的应付金额，有时甚至也无确切的偿还日期和收款人。因此，这类负债的应付金额就必须根据一定的办法（如以往经验、调研资料等）予以估计。如产品质量担保债务等。

3. 按流动负债产生的环节划分

流动负债按其产生的环节划分，可分为以下三类：

（1）产生于生产经营环节的流动负债。生产经营环节引起的流动负债，具体又包括两个方面：一是外部业务结算过程中形成的流动负债，如应付账款，应付票据、预收账款、应交税金（流转税）；二是企业内部结算形成的流动负债，如应付工资、应付福利费、预提费用等。

（2）产生于收益分配环节的流动负债。是指企业根据所实现的利润进行分配所形成的各种应付款项，如应交税金（所得税）、应付利润（股利）等。

（3）产生于融资环节的流动负债。是指企业从银行及非银行金融机构筹措资金所形成的流动负债，如短期借款、一年内到期的长期负债等。

二、长期负债

（一）长期负债的性质及分类

1. 长期负债的概念及性质

长期负债是指偿付期超过一年或一个营业周期的负债。长期负债除具有负债的一般特征外，还具有金额大、期限长、可以分期偿还的特征。企业为了满足生产经营的需要，特别是在企业扩展阶段，往往需要大量的长期资金。长期负债作为企业一项义务，应流出现金或其他经济资源的结算期限较长，因而长期负债成为企业筹措资金的一种重要方式。企业筹措长期负债资金，一般多用于添置大型机器设备，购置房地产，或者改建、扩建厂房等方面。

对企业来说通过举债来筹措长期资金，比从所有者那里获取长期资金有下列优势：

第一，作为长期负债的债权人在企业经营中不具有管理权和表决权，不会稀释大股东对企业的控制权。

第二，企业举债不会影响企业原有的股权结构，他们仅仅按照固定的利率获取利息，不参与利润的分配。因此，不会因举债而减少每股收益率，从而影响股票的价格。

第三，长期负债的利息支出可以作为费用从税前利润中扣除。从而减少所得税的开支，享受税收的优惠，相当于国家让出一块税金帮助企业还债。而股利只能从税后利润中支付。

但是，长期负债也有其不利的一面：一是，不管企业经营得好坏，企业都将按照固定的利率向债权人支付利息，在投资报酬低于资金成本时，会减少股东股本收益率。二是，长期负债到期时一次性支付的资金数额较大，在企业资金困难时，有被债权人申请破产还债的风险。三是，在企业破产还债时，债权人与股东相比对破产资产有优先受偿权。

2. 长期负债的分类

根据企业举借长期负债形式不同，长期负债可以分为以下三类：

（1）长期借款，是指企业从银行或其他金融机构借入的，偿还期在一年（不含一年）以上的各种借款，包括人民币长期借款和外币长期借款。

（2）应付债券，亦称长期应付债券或应付公司债券，是指企业以发行债券的方式筹措资金而形成的长期负债。债券是指发行人依照法定程序发行的、承诺在一定时期内偿还本金和按照固定利率支付利息的一种债务凭证。

（3）长期应付款，核算企业除长期借款和应付债券以外的其他长期应付款项，主要包括采用补偿贸易方式引进国外设备应付的价款和融资租入固定资产应付给出租方的租赁费。

（二）长期负债的核算

1. 长期借款

长期借款主要是指企业从银行或其他金融机构借入的偿还期限在一年以上的借款。为了核算企业的长期借款，会计准则规定设置"长期借款"科目。企业在取得长期借款时，借记"银行存款"科目，贷记"长期借款"科目。因长期借款而发生的利息支出，应按照权责发生制原则按期预提。根据《企业会计准则——借款费用》准则的规定，如专项用于固定资产投资的，在固定资产购建期间进行借款费用资本化，借记"在建工程"科目，贷记"长期借款"科目。固定资产竣工交付使用后，借款利息计入财务费用。如非专项用于固定资产投资的长期借款利息，进行借款费用化，借记"财务费用"科目，贷记"长期借款"科目。归还本息时，借记"长期借款"科目，贷记"银行存款"科目。

2. 应付债券

企业债券是指企业为了筹集长期使用资金而按照法定程序对外发行的、约定在一定期限内还本付息的一种书面凭证。企业债券要载明企业的名称、债券面值、票面利率、还本期限和方式、利息支付的方式、发行日期等。按照债券的发行价格与面值的大小，债券有三种发行方式，即溢价发行、平价发行和折价发行。由于债券的发行价格受票面利率和市场利率的影响，当票面利率高于市场利率时，债券的发行价格就会超过债券面值，按超过债券面值的价格发行称为溢价发行；当票面利率等于市场利率时，债券的发行价格就会等于债券面值，此时称为平价发行，也叫面值发行；当债券的票面利率低于市场利率时，债券的发行价格就会低于债券面值，称为折价发行。

为了核算企业的长期债券，企业设置"应付债券"科目，在该科目下设置"债券面值""债券溢价""债券折价"和"应计利息"四个明细科目。

（1）债券发行时的账务处理。债券按平价发行时，按实际收到的价款，借记"银行存款"；按债券的面值，贷记"应付债券——债券面值"。债券按溢价发行时，按实际收到的价款，借记"银行存款"等；按债券的面值，贷记"应付债券——债券面值"；按超过债券面值的溢价，贷记"应付债券——债券溢价"。企业按折价发行的债券，按实际收到的金额，借记"银行存款"等；按债券券面金额与实际收到金额之间的差额，借记"应付债券——债券折价"；按券面金额，贷记"应付债券——债券面值"。企业债券发行时，如果发行费用大于发行期间冻结资金的利息收入，按发行费用减去发行期间冻结资金的利息收入的差额计入财务费用。如是所筹款项用于固定资产项目的，则要按照借款费用资本化的处理原则，进行借款费用资本化，计入固定资产成本。如果发行费用小于发行期间冻结资金的利息收入，按发行期间冻结资金所产生的利息收入减去发行费用的差额，作为发行债券的溢价收入，在债券存续期间，计提利息时摊销。

（2）计息与到期还本付息时的会计处理、企业债券应按期计提利息。按面值发行债券应提的利息，借记"在建工程"或"财务费用"，贷记"应付债券——应计利息"。企业溢价或折价发行债券，其实际收到的金额与债券票面金额的差额，应在债券存续期内按实际利率法或直线法进行分期摊销。溢折价要在利息计提时进行摊销。在溢价发行的情况下，按应摊销的溢价金额，借记"应付债券——债券溢价"；按应计利息与溢价摊销额的差额，借记"在建工程"或"财务费用"；按应计利息，贷记"应付债券——应计利息"。在折价发行的情况下，按应摊销的折价金额和应计利息之和，借记"在建工程"或"财务费用"；按应摊销的折价金额，贷记"应付债券——债券折价"；按应计利息，贷记"应付债券——应计利息"。债券到期实际支付债券本息时，借记"应付债券——债券面值"和"应付债券——应计利息"，贷记"银行存款"。

（3）溢价和折价的摊销。债券溢价和折价的摊销方法有两种，即直线法和实际利率法。

1）直线法。企业采取直线法进行溢折价的摊销，就是把债券的溢折价按照债券的期限平均分摊，每期的摊销数额相等，此方法的特点是计算比较简单。

2）实际利率法。企业采取实际利率法进行溢折价的摊销的，每期确认的利息费用为应付债券账面价值与实际利率的乘积，每期确认的应付利息为应付债券的面值与票面利率的乘积，每期溢折价的摊销额为每期的利息费用与应计利息的差额。采用实际利率法在计算实际利率时，要按照债券利息的偿还方式不同采用不同的公式。

①分次付息，一次还本方式。

债券面值±债券溢折价＝债券到期应付本金的贴现值+各期实付的债券利息的贴现值

②到期一次还本付息方式。

债券面值±债券溢折价＝债券到期应付本息和的贴现值

（4）可转换公司债券的会计处理。可转换公司债券是指发行人依照法定程序发行的、在一定期限内依据约定的条件转换成发行公司股份的债券。可转换公司债券的最大特点是，可转换公司债券的持有人在可转换期间有选择权，即当该公司的股票价格较高时，可以把手中的债券转换成股票；相反如果股价较低，就可以不行使转换权，到期收回债券的本息。因此可转换公司债券对投资人来说具有更大的吸引力，而对发行人来说，则减少了到期要一次性支付大量资金的困难。利用可转换公司债券筹资越来越受到企业的青睐。企业在进行可转换公司债券的会计核算时，应设置"可转换公司债券"科目。企业发行可转换公司债券时，按照发行一般的公司债券进行处理。对于可转换公司债券的计息和溢折价摊销，在可转换公司债券的持有人行使转换权利之前，应按一般公司债券的处理方法进行会计处理，按期计息并进行溢折价的摊销。当可转换公司债券的持有人行使转换权时，应按其账面价值转换，借记"可转换公司债券"科目；按转换的股份面值，贷记"股本"科目；按转换公司债券时向债券持有人支付的现金，贷记"现金"科目；按可转换公司债券的价值与转换的股份面值的差额，减去支付的现金的余额，贷记"资本公积"科目。如果可转换公司债券的持有人在可转换期间没有行使其转换权，企业应像一般债券一样到期还本付息，借记"可转换公司债券"科目，贷记"银行存款"科目。

3. 长期应付款项

长期应付款项是指企业除长期借款和应付债券以外的其他各种长期应付款项。主要包括采用补偿贸易方式下的应付引进国外设备款和融资租入固定资产应付款等。企业对其进行会计核算时，应设置"长期应付款"科目，在该科目下设"应付引进设备款"和"应付融资租赁款"两个明细科目。

企业按照补偿贸易方式引进设备时，应按设备的外币金额（包括设备及随同设备进口的工具、零配件等的价款以及国外的运杂费）和规定的折合率折合为人民币金额，借记"在建工程"，贷记"长期应付款——应付引进设备款"。企业用人民币借款支付设备的进口关税、国内运杂费和安装费时，借记"在建工程"，贷记"银行存款""长期借款"等。按补偿贸易方式引进的国外设备交付生产使用时，应将其全部价值（包括设备价款和国内费用），借记"固定资产"，贷记"在建工程"。归还引进设备款时，借记"长期应付款——应付引进设备款"，贷记"银行存款"等。随同设备购进的专用工具和零配件等，应于交付使用时，借记"原材料""低值易耗品"等，贷记"在建工程"。

4. 专项应付款

专项应付款是指企业接受国家拨入的具有专门用途的拨款，如专项用于技术改造、技术研究等，以及从其他来源取得的款项。为了核算专项应付款，企业应设置"专项应付款"科目。在实际收到专项应付款时，借记"银行存款"，贷记"专项应付款"。拨款项目完成后，按照形成各项固定资产部分的实际成本，借记"固定资产"，贷记"银行存款""现金"等，同时，借记"专项应付款"，贷记"资本公积"。未形成固定资产需核销的部分，借记"专项应付款"，贷记有关科目。拨款项目完工后，如拨款结余需上交的，借记"专项应付款"，贷记"银行存款"。

三、所有者权益管理

（一）所有者权益的性质和构成

1. 所有者权益的性质

所有者权益是企业所有者对企业净资产的所有权。它是会计的基本要素之一，在金额上表现为企业的全部资产扣除全部负债后的余额，即企业的净资产额。独资企业、合伙企业和公司的所有者权益分别称为业主权益、合伙人权益和股东权益。所有者权益和负债同属权益，都是对企业资产的要求权，企业的资产总额等于负债总额加上所有者权益总额。但是所有者权益和负债之间存在着明显的区别，概括为以下几个方面：

（1）性质不同。企业与债权人之间的经济关系一般事先具有明确的规定，债权人按事先规定的条件收取本息。所有者则依据公司的盈利情况和分红政策取得分红收入。负债是企业对债权人承担的经济责任；所有者权益是企业对所有者承担的经济责任。从这一意义上讲，只有所有者才真正承担着企业的经营风险。

（2）权利不同。作为企业负债对象的债权人与企业只有债权债务关系，既无权参与企业的经营管理，也不参与企业的利润分配；而作为所有者权益对象的投资人则有法定参与管理企业或委托他人管理企业的权利，与此相适应，所有者也享有债权人所不能享有的权利，除了可能享有较利息更高的股利收入之外，还包括未分配的净利润，即留存利润。

从"资产−负债＝所有者权益"这一会计方程式来看，所有者权益是一种剩余权益。会计计量是以一定的会计假设为前提，以一定的会计原则为依据的。在企业的整个经营过程中，物价、币值、汇率等诸多因素的频繁变动，都可能导致会计计量结果偏离实际现时的状况。所以，通过会计核算所得的所有者权益，可能是一个账面意义上的所有者权益。一旦企业停业清算，实际归所有者享有的权益，只能是全部资产的清算价值扣减全部负债的差额。亦即，所有者权益的实质是净资产的现时价值。

（3）偿还责任不同。负债有规定的偿还期限，一般要求企业按规定的利率计算并支付利息，到期偿还本金。对债权人来说，利息收入和偿还时间较为固定，与企业的经营成果并无多大关系，承担的风险相对较小。所有者权益在企业持续经营条件下，投资者一般不能抽回投资。对投资人来说，其投资报酬与企业的经营成果有密切的关系，投资人对企业的经营活动承担着比债权人更大的风险，同时也享受着分配企业利润的权利。

（4）偿还顺序不同。企业对债权和所有权满足的先后顺序不同，一般规定债权优先于所有权，债权是第一要求权，表现为在企业清算时，对企业的剩余资产的要求权，债权人要先于所有者。

2. 所有者权益的构成

不同组织形式的企业，其所有者权益构成项目的名称及包含的具体内容有所差异。但不论何种形式的企业，其所有者权益的基本构成情况大体相同。通常，所有者权益都应包括投入资本、资本公积、盈余公积和未分配利润。

（1）投入资本。投入资本是指企业的投资者实际投入企业的资本，它是所有者权益的主体和基础。按其投资者的性质不同，可分为国家投资、法人投资、个人投资和外商投资等。

与投入资本密切相关的一个概念是注册资本。所谓注册资本，是指企业在设立时向工商行政管理部门登记的资本总额。在资本分次募集的情况下，在最后一次缴入资本之前，投入资本始终小于注册资本。

（2）资本公积。投入资本有确指的投资者，但有些特殊事项引起的所有者权益，可能不便归于具体的投资者，但它们又不是由盈利而形成的。这种类型的所有者权益被称为资本公积，主要包括资本（或股本）溢价、接受捐赠财产、外币资本折算差额等。资本公积是一切所有者的共同权益。

（3）盈余公积。盈余公积是指从税后利润中提取的公积金，包括法定盈余公积金、任意盈余公积金和法定公益金。

（4）未分配利润。未分配利润是指企业实现的利润中留于以后年度分配或待分配的那部分结存利润。

（二）独资及合伙企业的所有者权益

在会计核算中，不同组织形式的企业，对所有者权益的核算差别很大。按国家有关法规规定，目前我国企业组织形式有：独资企业、合伙企业和公司制企业。其中独资企业、合伙企业在所有者权益方面与公司制企业相差较大，本节就独资企业和合伙企业的所有者权益及会计处理进行介绍。

1. 独资企业的所有者权益

（1）独资企业所有者权益的特点。独资企业是由个人独立出资而形成的一种企业组织形式。它不具有独立的法律主体地位，也不是纳税主体。出资人对企业的财产和赚取的利润拥有全部支配权，对企业的债务负有无限清偿责任。

独资企业所有者权益的最大特点是：不需要区分业主投资和利润积累，因为无论是业主对企业进行投资，还是业主从企业提款及进行利润分配等活动，均是业主的自主行为。

（2）独资企业所有者权益的会计处理。尽管独资企业不是独立的法律主体，但并不否认其独立会计主体地位。为此，应区别独资企业与业主个人的经济活动，业主提款必须在企业账面上得到反映。

独资企业所有者权益在"业主资本"科目中核算。该科目贷方登记业主投入资本和作为业主资本的增加的盈利；借方登记亏损和业主提款，期末贷方余额为业主权益总额。

平时发生业主提款时应先通过"业主提款"这一暂记性科目进行反映，年终结转业主资本，以便于进行业主资本状况变动分析。

2. 合伙企业的所有者权益

（1）合伙企业及其所有者权益的特征。由于个人资本数量限制等原因，许多小企业由若干个投资人合伙组建，如律师事务所、会计师事务所、诊疗所等。这种合伙企业与独资企业十分类似，其差别主要在于：合伙企业是由两个或两个以上的合伙人共同投资设立的，因而为了明确合伙人之间的权、责、利关系，必须订立合伙契约。在合伙契约中，需明确规定以下主要内容：损益分配原则；合伙人提款的具体规定；合伙企业解散与清算的程序等。与公司制企业相比，合伙企业主要有以下特征：

1）合伙企业不是独立法人。合伙的形成不须经过正式的法律程序，由合伙人自愿结合。法律没有赋予合伙企业法人资格。因此，合伙企业的对外事务，都应以合伙人个人的名义进行。合伙企业是依附于合伙人而存在的，属于人合企业，合伙人一般都亲自参与企业的经营与管理。

2）合伙人之间互为代理。除合伙契约另有规定者外，在合伙经营业务范围内，任何合伙人经办的业务，其他合伙人均应负责。每个合伙人都是其合伙组织的代理人，在正常营业范围内有权代表合伙企业签订合同，如签订购货合同、销货合同等。

3）合伙人对企业负债负连带无限责任。作为一般合伙人，无论其投资金额多少或占投资总额的比重多高，每个合伙人都对合伙企业的债务承担全部清偿的责任，即连带无限责任。因此，合伙应以自愿为基础。新的合伙人的加入也必须经过全体合伙人的同意。

4）合伙企业存在期间有限。合伙企业的形成是以合伙契约的签订为基础的。合伙人的死亡或退伙，都会宣告合伙契约终止。新的合伙人的加入，也同样宣告原合伙契约终止。作为会计主体依然遵循持续经营假设，会计记录连续进行。新的合伙契约的签订，意味着该组织已成为又一新的合伙企业了。

5）合伙企业的任何财产归全体合伙人共有。合伙企业成立过程中，由各合伙人投入的资金，无论在形态上是货币资产还是非货币资产，一旦投入企业，它就不属于任何一个特定的合伙人，而是归全体合伙人共有。依附于该资产的重估升值和变卖损益，也不属于任何特定的合伙人，而属于合伙企业的损益。

6）合伙企业不计缴企业所得税。由于合伙企业不是独立的纳税主体，它所实现的利润不纳企业所得税，而是作为业主个人所得，申报并缴纳个人所得税。

在所有者权益的会计处理方面，合伙企业与独资企业十分相似。合伙企业的所有者权益也不需要区分业主投资和经营赚取的利润。合伙人投入的资金，应全部作为实收资本，分记在各合伙人名下。合伙人从企业提款，将减少该合伙人在企业中的资本。另外，合伙企业的损益，应按照合伙契约中所规定的方法来分配，然后分别转入各合伙人的资本账户。

（2）合伙企业所有者权益的会计处理。如前所述，合伙企业组织与独资企业组织有很多相似之处，同样，合伙企业的会计也与独资企业会计十分类似。相当于多个独资企业的综合体，合伙企业会计必须为每一个合伙人开设一个"资本"科目（总账或明细账）和"提款"科目（总账或明细账），分别用于记录每一个合伙人的投资和提款的增减变化及余额。合伙人"提款"科目的功能类似股份公司的"股利分配"账户，记录年度内合伙人从企业提走的款项。会计年度终了，应将"提款"科目余额转到相应合伙人的"资本"科目。合伙企业的损益，在按照合伙契约规定的分配方案分配之后，将每一合伙人应享有的份额由"损益"科目结转到相应合伙人的"资本"科目。与股份公司会计不同，合伙企业会计不单独设置"留存利润"科目，而是将原始投入资本和各种原因引起的积累均合并记入"资本"科目。合伙人除了向企业投资和从企业提款外，还可能与企业发生借贷往来。为此，应另设合伙企业与合伙人之间的往来账户。这些往来应与企业同外界的往来分开记录。在资产负债表上，它们分别列作负债类的应付款和资产类的应收款，但须与企业同外界应付、应收款项分别列示。

合伙企业成立时，合伙人即按合伙契约所规定的条款将资产投入企业。就投入资产的形式而言，可以是现金，也可以是非现金资产。此外，如果合伙人（一个或多个）原本是独资企业的业主，那么，他也可以以原独资企业的资产和负债作为入伙的投资，即以全部投入资产的原账面价值（或重估价值）与全部负债之差额作为其投入资本。因此，就应将合伙人投入的资产借记有关资产账户，将转由合伙企业承担的负债贷记有关的负债账户；同时，将资产扣除负债后的差额作为其投入的净资产而贷记该合伙人的资本账户。合伙人投入的非现金资产，应按公允市价计价，并须经全体合伙人同意。

合伙企业的损益分配不同于股份公司，均为按出资额比例分配损益。合伙企业没有固定的规定，而是取决于合伙人的契约规定。通常，合伙损益可以按各合伙人投入资本的比例分配，也可以按一个固定的约定比例分配。如果合伙契约对损益分配未做规定，通常就认为合伙损益按合伙人平均分配。另外，合伙契约也可对盈利和亏损规定不同的分配比例。但是，如果契约只规定盈利分配比例。一般就认为亏损也按照同样的比例进行分配。

合伙企业因契约期满停止经营，或由于全部转让给别人经营，或由于其他原因而经全体合伙人同意停止经营时，就需要进行清算。合伙企业清算的具体方法取决于合伙契约的规定。但一般而言，合伙企业清算的基本程序为：①出售合伙企业的全部非现金资产，使之变现；②将资产处置损益按规定的损益分配率在各合伙人之间进行分配，并转入各合伙人资本账户；③清偿所有债务；④将清偿债务后所余现金按各合伙人资本账户余额比例进行分配。

第五节　会计人员日常管理

一、会计人员管理体制的具体实施形式

1. 会计人员委派制

会计委派制是国家以所有者身份凭借管理职能对企业、事业单位的会计机构负责人和主管会计进行委派的一种制度。会计委派制适应于多层管理机构的企业事业单位，或单位所有权与经营权相分离的经营实体，以及民营和机构比较复杂经济实体。推行会计委派制是强化财务监督制约机制，促进会计管理体制改革，解决目前会计领域出现一些问题的有效举措，发挥了会计人员相对独立职能的作用，对健全监督约束机制、保证会计信息的真实性和完整性以及推进党风廉政建设具有重要作用。

2. 集中报账制（统筹制）

集中报账制作为一种制度制定后，部门和单位只要按制度规定进行报账即可，不会因企业陷入多方利益关系的纠缠中而使集中报账制难以推行下去。同时会计人员具有相对的独立性，既可避免与企业相关利益各方的交叉关系，又可避免因实行会计人员定期轮换制而造成的会计人员的短期行为。

3. 代理记账制（委托代管制）

代理记账是指会计咨询、服务机构及其他组织等经批准设立从事会计代理记账业务的中介机构接受独立核算单位的委托，代替其办理记账、算账、报账业务的一种社会性会计服务活动。

代理记账的主体是经批准设立从事会计代理记账业务的中介机构，包括会计师事务所、代理记账公司及其他具有代理记账资格的其他中介机构；代理记账的对象是不具备设置会计机构或者在有关机构中设置专职会计人员的独立核算单位，如小型经济组织、应当建账的个体工商户等；代理记账的内容主要是代替独立核算单位办理记账、算账、报账等

业务；代理记账的性质是一种社会性会计服务活动，是会计工作社会化、专门化的表现；代理记账在法律上的表现则是通过签订委托合同的方式来明确和规范委托及受托双方的权利义务关系。

二、会计人员的委派机构

负责委派会计人员的委派机构应是企业的所有者或出资人。按照国有资产分级管理的原则，各级人民政府应设委派机构。同时根据《会计法》第五条的规定，地方各级人民政府的财政主管部门管理本地区的会计工作，因此应由财政部门代表同级人民政府作为委派机构，或者由政府授权经营国有资产的企业集团作为对其下属企业实行委派制的委派机构。在试点过程中，其他地区还有由财政部门和行业主管部门共同作为委派机构的形式。但由财政部门直接委派的形式较为少见，而常见的委派机构是：由财政部门牵头设立的会计管理局（站、中心等）。

三、被委派单位

（1）国有全资企业及国有控股企业这类企业无论是大型的还是中小型的，均应委派财务总监或主管会计，具体实施形式应根据实际情况而定。

（2）重点骨干企业。

（3）行政事业单位。

（4）乡镇集体企业和村级单位。

四、被委派的会计人员

（1）任职资格。包括对委派会计的学历或职称、工作年限等方面的要求。

（2）委派程序。即委派会计的推荐、选择或考核、审批、任命及聘用等委派程序。

（3）职责与权限。

①审核公司的财务报表、报告，确认其准确性后报本企业董事会、监事会和国有资产产权部门；②参与制定企业的财务管理规定，监督检查企业内部各部门、各层级的资本运作和财务状况；③参与拟订企业经营的重大计划、方案，包括年度财务预（决）算方案、利润分配和弥补亏损方案、基建和技改方案、筹资融资计划等；④参与企业对外投资、产权转让、资产重组、贷款担保等重大决策活动；⑤对经董事会、上级部门批准的重大经营计划、方案和决策的执行情况进行监督；⑥定期向董事会、监事会和派出机构报告企业的

资产和经济效益变化情况；⑦监督检查企业的合资、控股子公司的财务状况，并可进行延伸检查，有权向董事会、监事会或法人代表提出审计建议。

（4）待遇。包括在委派会计的编制、工资福利、住房及保险、经费来源等方面的规定。"待遇"这一问题一定要妥善处理，因为它关系到委派会计、被委派单位和委派机构各方的利益，处理不当会影响改革的推行。现在各试点单位做法很不统一，有关主管部门应尽快出台指导意见，规范其运作。

（5）任免及考核奖惩。包括对委派会计的任免机构、考核奖惩方式、法律责任、执业纪律等方面的规定。考核的具体内容各试点地区均有具体规定，主要有会计业务水平、财务管理能力、职业道德、被委派单位经营绩效和遵纪守法情况等。

参考文献

［1］赵丽. 我国公益类事业单位财务管理问题研究［D］. 财政部财政科学研究所，2012.

［2］刘永君. 上市公司财务审计与内部控制审计整合研究［D］. 西南大学，2013.

［3］廖菲菲. 内部控制审计、整合审计对财务报表信息质量的影响［D］. 西南财经大学，2014.

［4］邢萌. 上市公司整合审计业务流程优化问题研究［D］. 杭州电子科技大学，2014.

［5］张莉. 财务报表与内部控制整合审计流程设计及应用［D］. 兰州理工大学，2014.

［6］谢林平. 论内部控制审计与财务报表审计整合的意义与流程［J］. 中国内部审计，2015（8）：90-93.

［7］李哲. 财务报表审计和内部控制审计的整合研究［D］. 云南大学，2015.

［8］黄雅丹. 我国上市公司财务报表审计与内部控制审计整合研究［D］. 吉林财经大学，2014.

［9］罗娜. 整合审计在我国会计师事务所的运用研究［D］. 西南财经大学，2013.

［10］吴俊峰. 风险导向内部审计基本问题研究［D］. 西南财经大学，2009.

［11］丁晓靖. 电力基建项目全过程财务管理体系研究［D］. 华北电力大学，2014.

［12］钟健. 河北国华定州电厂（2X600MW）工程基建管理信息系统（MIS）的设计与实现［D］. 四川大学，2014.

［13］林少伟. 广东粤华公司2×660MW基建项目信息化管理应用研究［D］. 华北电力大学（河北），2012.

［14］侯禹辛. ZH公司对A公司进行融资租赁的财务风险研究［D］. 天津商业大学，2015.

［15］夏斌斌. 价值链视角下融资租赁企业税务筹划研究［D］. 天津商业大学，2015.

［16］武军. 煤炭企业财务风险内部控制体系研究［D］. 天津大学，2011.

［17］袁清和. 基于作业的煤炭企业成本管理体系研究［D］. 山东科技大学，2011.

［18］王明芳. 我国电商企业信用管理体系的研究［D］. 南京林业大学，2015.

［19］任立周. 我国事业单位财务管理现状及对策研究［D］. 山西财经大学，2011.

［20］王巍. 中国并购报告2006［M］. 北京：中国邮电出版社，2006.

［21］哈特维尔·亨利三世. 企业并购和国际会计［M］. 北京：北京大学出版社，2005.